用你的笑容去改變世界，
別讓世界改變了你的笑容。

一分鐘心理專家

林郁 主編

前言

大家必然都有過這樣的體驗：人與人之間為何會有誤會？為什麼會反覆走上相同的失敗之路？何故一個人明明看似很眼熟，可自己卻想不起他的名字？這一連串問題的答案只有一個：你無法掌握的心靈世界，潛意識地支配著你的一舉一動。你的行動未必出於自己的本意，有時不知不覺受到潛意識的影響，甚至連你的人生都受潛在意識所左右。

以同樣的方法做同一件事，有人失敗也有人成功。讓人感覺值得信賴，天生贏家的人不少，給人感覺「朽木不可雕也」的，也大有人在。

有這樣一則故事：

甲、乙兩家販賣鞋子的公司，同時各自派遣一位業務員到非洲考察業務。看到那麼多的原住民都沒有穿鞋子，甲公司的業務員給公司回電如下：

「毫無希望，此地無人穿鞋。」

乙公司業務員的回電則恰好相反：

「此地每個人都需要鞋子穿，大有可爲！」

現實社會中，乙公司的業務員必然是成功者。做同一件事，相信自己一定會成功的人，和抱持相反念頭的人，所得到的結果必然不同。因為「潛在意識能使深信不移的事情獲得實現」——人的潛在意識，名之為心理的「黑盒子」，是如此浩瀚難測，令人驚嘆且具實行力。

失敗者和成功者之間的差異受潛在意識左右，從相反的角度而言，這也正是能否理解心理機制的關鍵所在。

簡而言之：「是否了解人心的流向，妥善運用？」所謂「人心的流向」就是心理，它的順暢與否，常常在我們的日常生中產生出乎意料的影響！例如：在眾人面前怯場；對自己缺乏信心，生活態度消極；或是人際關係不佳等。尤其是我們未意識到，隱藏於心靈深處的種種欲求、希望正牢牢地限制著我們的行動。

本書試著用種種不同的論點，以淺顯的文字，說明這樣的心理狀態。由探討自我內心深處的第一章開始，一直敘述到男女的心理差異以及男女的身體語言，還有如何將心理學在人際關係中活用等等，十分豐富，是一部小而美寓教於樂的心理學入門書。

此外，書中亦編列了檢查表，藉由這些出發點不同的測驗，希望能增進你對心理和人際關係的認識與了解。測驗所得結果即使不好也無須在意。只有真正明白自己的弱點，並加以克服、轉化為優點的人，才能充分掌握、運用自我的發展潛力。相信本書必能幫助你找出達成此一目的的方法。

目錄

第一章　探索心靈深處的自我！

第二章　你（妳）的魅力何在？

第三章　人們為何言不由衷？

第四章　兩性交往面面觀

第五章　你的喜好到底是什麼？──不經意的行為細節中，可以看出一個人的「個性」！

第六章　心理盲點——鬼迷心竅，所為何來？

第七章 身體語言——姿勢、動作述說著一個人的心理、情緒

第八章 人際關係活用術

第一章

探索、心靈深處的自我！

潛意識中的另一個「自己」

——爲何猜不透對方心理？因爲你不了解自己！

想必每個人對自己腦筋好壞，個人好惡，性格內、外向都有自知之明。但如果想從這些零碎的資料中，拼湊出一個眞正的「自己」，譬如：求職、就學所寫之履歷、自傳、卻往往摸不著頭緒，無法確實掌握住自己的能力、性格、性向。這在我們稱之爲——「自我迷失的時代」尤其明顯。

最典型的就是「過渡型人類」——一種發生於西歐等高度工業化、都市化先進社會的「退化病理現象」。

這種「過渡型人類」既無法脫離國家、社會而獨立生存，卻又像貓一般，四處找尋獵物，沒有明確的人生目標。雖然可算是一種文明社會病，但如此無法建立良好人際關係，恐怕也是件棘手的事。

占星術、血型分析之流行也有著同樣的背景。初次見面就開口詢問對方「血型」、「星座」的人，認爲這樣做是了解對方和自己最簡便的方法。經由此一方法可以在雙方交談的剎那間，判斷出對方是敵是友，讓自己和陌生人之間的關係明朗化。即使不見得將對方個性摸得一清二楚，卻也或多或少能稍解因不了解而感不安的情緒。詳細分析此一行動的動機，不外乎是爲了消除因不了解對方而引起的欲求不滿。

——「獨學而無友，則孤陋而寡聞矣！」

愛琴海的狄洛斯島上的阿波羅神殿石柱上刻著——「了解你自己！」傳說是希臘神話裏的太陽神阿波羅所說，由女祭司轉述給古希臘人的神諭。這句話，不僅對二千五百年前的希臘人有著極大的衝擊力，時至今日，仍深深影響現代人的生活。那麼要怎樣才能「了解自己」呢？心理學上最常用的一個方法就是——「周哈里窗戶」。

「周哈里窗戶」由美籍心理學家 Joseph Luft 和 Harry Jugham 共同設計出來，將人類的心理構造，依「現象」加以分類的方法。爲了讓世人知道兩學者的貢獻，取二者名字的前半部，稱之爲——「周哈里窗戶」。

你我心中都有「自己曉得，別人不知道」的部分，這部分就是「周哈里窗戶」中的「逃避或隱藏領域」（隱私）。當然這部分在工作上，或人際關係方面無多大關係。另一方面，「別人知道，自己不曉得」的部分，就是「周哈里窗戶」中的「盲目領域」部分。大多數人都會想隱藏甚至消除這一部分。四個領域中最重要的就是——「自由活動領域」，它會隨著與他人的交往或接觸，而漸漸擴大。

人們在和他人交往（相互作用）的過程中，得以將自己知道，別人不曉得的「逃避或隱藏領域」

〈周哈里窗戶〉

		自己所見的「我」	
		自己知道	自己不知道
他人所見的「我」	他人知道	**開放我** 自己曉得，別人也知道的自己。	**盲目我** 自己不清楚，別人卻曉得的自己。
	他人不知道	**隱藏我** 自己曉得而別人不知道的自己。	**未知我** 自己和別人都不曉得的自己。

呈現出來，並予以縮小，而擴大「自由活動領域」。同樣地，別人也會指出自己未曾注意到的部分，帶來相同的結果。

也就是說，與他人接觸機會少的人，也就等於放棄再次發現自我的機會。因此，爲了了解自我，實在有必要盡一切所能地給自己製造機會。但麻煩的是，他人的指摘往往摻雜著某種目的。

孔子所說：「巧言令色，鮮矣仁！」洞悉事物的能力，是需要培養的。

——拿掉有色眼鏡後，將會看到什麼？

人往往滿足於和能接受自己，贊同自己看法的人之間的交往關係，而「忠言逆耳」，不願意見到別人「哪壺不開提哪壺」。偉大的生物學家達爾文，碰到與自己所倡導學說互相抵觸、矛盾的事實時，當場筆記下來。爲什麼呢？他說：「矛盾的事實，讓我感覺難受。一般人都會想忘記這種難受感覺，同時也想將這一感覺的起因——這一絕對的事實，一併忘記。爲了不忘記這一事實，我才將它記錄下來。」

這或許就是後世的我們，會認爲達爾文是個偉大人物的原因吧!?

如果你眞的想了解自己，最重要的是坦率地對他人，面對自己。以有色眼光看待事物，既無法看清對方，也無法了解自己。

——他人的眼裏，照映出自己看不到的內心！

想了解什麼是眞正的自己，最有效的方法就是從交往的朋友、公司同事回饋的訊息中，獲得情報。而且，遭到他人非難、攻擊時，不要只顧著爲自己辯白，不妨問問第三者自己行爲，是否有遭人非議的地方，進而從中學到教訓。如此越能正確地了解自己。總之，不管你採用什麼方法，愈是能客觀正確理解自我者愈佳。

當別人看到的「我」，不像自己想像的「我」時，我們往往會自認爲「遭到誤解」。然而，對方所感覺完全是事實，「遭到誤解」也只不過是你

自己這樣認爲。暫且不用爲——「爲何他們會誤解我？」而心生不快，應該想想爲何對方會如此看待自己。

也就是說：自己所認爲的「自己」和別人眼中所見的「自己」，也許完全不一樣。爲了清楚地知道眞正的自己，最重要的是要經由別人的眼睛，修正自己所繪的「自畫像」。儘可能不固執己見，客觀地「由別人的眼光來看自己。」一旦我們能做到這一點，所謂——「以人爲鏡，可以明得失」，就能反省自己，「爲什麼他有這樣的反應？」、「是不是自己所說的話和態度，有讓人看不過去的地方？」進而了解實在沒有好好注意到內在的自己。

能覺悟到——「人原來是充滿偏見的」，也算是一大進步。

潛意識裏的三個「人物」，哪一個正在扮演人生大戲的主角？

——「什麼決定了自己的一生？」

一提到認識自己的方法，最容易聯想到的是「精神分析」。衆所皆知，「精神分析」是基於潛意識無時無刻不影響我們日常行爲的理論，分析我們內心深處，不被注意的另一個「世界」。此一心理分析方法由佛洛伊德創始，容格、阿德勒等學者繼續研究發展。時至今日更由美國的精神醫師柏恩研究出劃時代的自我分析法——人際溝通分析，簡稱T．A。

人際溝通分析的主要目的是希望藉由了解自己他人所見的「自我」，盡可能地將日常生活中，個體的價値觀、感情和行爲模式導入正軌，且意識到——「什麼因素決定自己所過的一生」，進而激發出內在的潛能。

——三個「我」中，何者佔有你潛意識最大比例？

佛洛伊德認爲人的精神構造可分成超我P、自我A、本我C三種層次。超我指的是人格中理想與道德良知部分；自我是人格中適應社會規範，講求現實部分；本我則指人格中最原始的本能性部分，不受個體意識支配，亦不受外在社會觀規範約束。

柏恩（EriC Berne）以P代表超我；以A代表自我；以C代表本我。也就是認爲每個個體的心中存在著「父母」、「成人」、「兒童」三種自我狀態。父母P的自我狀態是受到雙親等養育自己長大的人的影響，趨向自我批判、追求理想，對他人喜歡拽出權威態度。成人A的自我狀態是個體在成長過程中，由經驗學習、構築成的「我」，能洞悉周遭現實，並予以歸納、分析，謀取適當對象，表現出冷靜而理性的態度。兒童C的自我狀態是個體與生俱來的本能，及兒童時期對外在事物的體驗、反應模式，在某一時刻左右著生理、心理上已是成人的個體，回復幼兒時期淘氣、我行我素，要求立即滿足的狀態。

──「道貌岸然」、「玩世不恭」的背後是……

P、A、C三種自我狀態，存在於每個個體的潛意識中，其相互運作決定了個體外在的行爲，及內在的心理狀態。愈能明瞭P、A、C三者的構造，愈是能客觀地掌握自己的性格和性向。

在健全、正常的心理狀態之下，P、A、C三者各自視外在的環境而運作，互不干擾。舉例來說，工作時個體的自我狀態是由A所主導；下班後到哪裏逍遣散心時，卻是由C決定個體的自我狀態；回到家中，在孩子們面表現出的自我狀態的卻又是P了。

相反地，一是個體這三種自我狀態無法自由運作而互相干擾、排斥，問題就產生了。凡事正經八百，有著強烈使命感、責任感，排斥玩樂的人，是因爲父母P的自我狀態，大過於兒童C、成人A的自我狀態，壓抑「兒童」C玩樂的念頭，干擾「成人」A「是該輕鬆一下」的事實判斷。

而社會上公認「缺乏道德良知的人」，則是他的「兒童」C的自我狀態勝過「父母」P自我狀態的道德良知，而擾亂「成人」A「是否會傷害他人」的顧慮，表現出來的就是我行我素、反社會的傾向。

——「我要堅強地活下去！」——說這句話的人是怎樣的性格？

一般說來，個體的P、A、C三種自我狀態互有程度差異，如果差異程度極大，嚴重干擾另外兩個自我狀態，心理問題應運而生，但如果有人有著相同程度的三種自我狀態，大概也會被視爲「怪人」。也就是P、A、C三種自我狀態佔有潛意識的比例差異，形成了個體的「人格」：使命感強烈、好「指點」別人的人，「父母」P的自我狀態較強；理想而冷靜的人，「成人」A的自我狀態較強；任性、孩子氣的人，「兒童」C的自我狀態較強。我們將P、A、C的強度，用25頁的圖表二中的圓形大小加以說明。

有時候我們會感覺茫然：什麼原因使得某些時候的「自己」，陌生得有如外人？答案是：P、A、C三種自我狀態中的某一個過分集中所致。

舉例來說，大家常聽說某女性與丈夫原本過著「王子與公主」般快樂日子。突然丈夫死了，一向凡事由丈夫做決定的「公主」傷心痛哭之餘，意識到日子還是要過下去，毅然抱起孩子，堅強地生存下去。什麼因素使得一個人的行爲轉變得如此之大？

例子中的女性由於丈夫的突然過世，讓她頓悟到自己得擔起「母代父職」責任，而顯現出性格中堅強的一面。因此，「柔弱」和「剛毅」這兩種互相矛盾的性格，事實上都是那個女性眞實的性格。這也就是我們常會感嘆「知人知面不知心」的原因。既然一個人的眞實性格是如此難以掌握，因此實有必要對自己的性格進行廣泛而深入的了解。

撇開自我本位的想法，客觀地分析自己的行爲，才能找出失敗原因和缺

失部分，將失敗當作學習經驗，坦率地承認，讓思緒有好好整理的機會。如此才能不使事後反省淪爲「馬後炮」、成了毫無建設性的自我告誡。在做出讓別人厭惡，自己也莫名其妙的行爲前，有緊急煞車的機會。

希望藉著下一章介紹的「自我狀態構造分析」，你我得以更進一步了解、掌握自己的個性。

P：「父母我」A：「成人我」C：「兒童我」

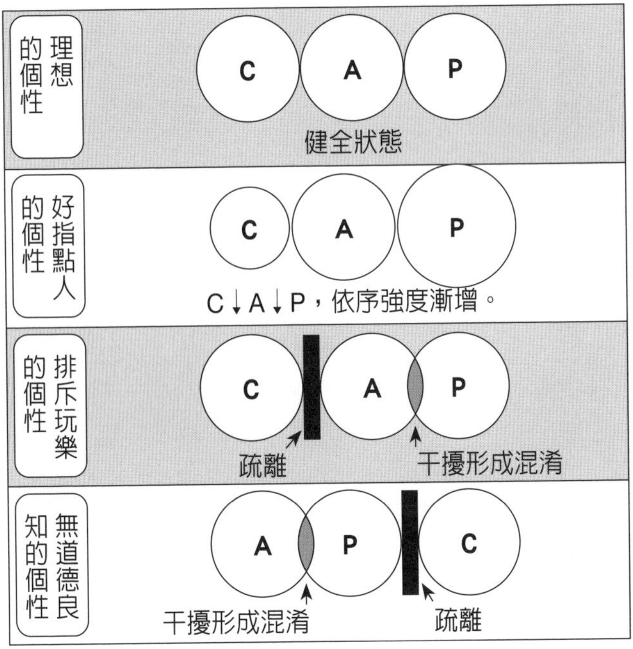

個性	圖示
理想的個性	C A P 健全狀態
好指點人的個性	C A P C↓A↓P，依序強度漸增。
排斥玩樂的個性	C A P 疏離　干擾形成混淆
無道德良知的個性	A P C 干擾形成混淆　疏離

四種「生活態度」當中，你的是「積極型」？還是「消極型」？

——嬰幼兒期的性格與行爲模式

「人際溝通分析」理論最大的特點是主張：個體基本性格在個體生命早期即已形成。此一基本性格稱之爲「人生的基本構造」或「生活態度」。根據「人際溝通分析」理論，人和人之間可能有四種「生活態度」：

1．我好——你好。

2．我好——你不好。

3．我不好——你好。

4．我不好——你不好。

以上四種生活態度，主要取決於個體嬰兒時期母親是否擁抱輕撫個體，傳達母愛。嬰兒由這些肌膚接觸感受到——「自己是否有存在價值？」、「這個世界可以讓人信賴嗎？」形成對人的基本態度。

或許我可以將母親比擬成某種「濾嘴」，個體就在「濾嘴」的另一頭，接收母親傳達給他（她）這四種生活態度中的一種，而且是唯一的一種。經由母親，個體得以認識人生，養成某種特定的生活態度。這一特定的生活態度由於教育、教養更加根深柢固，而個體與父親、周遭的人之間的接觸，則使得這一特定生活態度複雜化。如此一來，伴隨著個體一生的行爲模式原型，就烙印在個體的內心深處。這一塑造過程，「人際溝通分析」理論認爲大概在個體3～10歲之間完成。可見父母，尤其是母親對每個人一生，有著多麼大的影響力。

——「天子之驕子」型？「奶奶不疼，爹爹不愛」型？

「人際溝通分析」理論最主要的目的，不用說自然是希能將個體導向第一種生活態度：我好——你好（I am OK, you are OK.）。懷有這種生活態度的人，大多人際關係良好，注意自己的感受之餘，也不忘對他人表達適度的關心。而在考試、工作、感情問題等方面，即使遭受挫折亦不輕言放棄，反

而能更加努力，且不管努力的結果是好是壞，都能坦然接受，繼續奮鬥。只因他們篤信——「天生我才必有用」的人生觀。

而抱持第二種生活態度：我好——你不好（I am OK, you are not OK.）的人，則多半表現出以自我爲中心的行爲模式，潛意識地渴望帶給別人困擾，由批評別人過失中獲得自我滿足。最普遍的例子就像約會時喜歡遲到、讓人等得不耐煩；好吹噓自己所知道的知識，炫耀自己的特長等。更極端的就是拿問題問倒別人爲樂。比如說詢問別人怎樣才能施行某一計畫？對方思考很久，好不容易想出某一方法，問問題的人卻將這個方法的缺點一一挑出來，加上一句：「你的方法行不通啦！」對方再想出另外的方法，得到的反應卻是——「這個方法我也曾想過，但我看還是行不通。」

對抱持——「我好——你不好」生活態度的人來說，提問題的目的不在取得答案，而在於問倒別人，使別人難堪。通常在提出問題之前，他們早就想到了種種可能的答案，指出他人的方法中不夠周延處，自然是輕而易舉。如此一來，看著對方楞在一旁困窘的樣子，「看吧！還是我行！」的滿足感，也就不自覺地產生。

這一類的人，就是大家常見、所謂的「壞胚子」。

——「不負眾望」的人與「自暴自棄」者

第三種生活態度是：我不好——你好（You are OK, I am not OK.）。生活在這一態度陰影下的人，有著強烈的自責感，厭惡自己，不自主地排斥一切讚美、肯定自己的機會。比如說同樣是聽到公司內部謠傳自己職位將更上層樓，一般的人大多會謹言慎行，更加努力工作。而有著「我不好——你好」生活態度的人恰好相反，他們開始心神不寧，舉止失常。結果好運自然離他們而去，他們也只好自暴自棄地認定自己是個「一無是處的窩囊廢」。爲人處世消極悲觀的人，大多是屬於這一類型的。

說起來似乎很玄：一個人的心裏面如果只是想著事情失敗後將如何如何，到頭來眞的會失敗。爲什麼？因爲人類能力極限往往讓人無法想像，一旦受到鼓勵和期許，就會使得內在無窮盡的潛力源源不斷地湧出來，所謂「超水準的演出」通常就是在這種情形下發生的。相反地，滿腦子都是失敗念頭的人，自然而然的只有當「失敗者」的份了。只因從頭到尾他都在暗示自己：你注定失敗，而將潛能全用來驗證自己的看法是「對的」。

第四種生活態度是——「我不好——你不好」（I am not OK, you are not OK.）屬於這一類型的人，最明顯的行爲就是凡事冷漠，彷彿藉這樣的舉動試著和別人交往，盡可能地不去接觸外在事物。爲了一點小事自殺的人，多半就是這一類型。既然這個世界沒有值得信賴的人、事、物，自己也毫無存

在價值，難免動不動就想自殺。如果回溯到他們幼年生活背景，大多是未曾得到母親等親人像樣的撫觸和擁抱，甚至於還是被虐待長大的。

經由以上篇幅的敘述說明，我們知道「周哈里窗戶」和「人際溝通分析」理論的目的，是想將「與他人發生互動關係的自我」、「受外在環境影響而形成的自我」，用這些分析方法，具體地呈現出來。了解這種行爲方式，應該就能掌握自

〈OK牧場〉

	你不好（You are not OK）	你好（You are OK）
我好（I am OK）	攻　擊（反　抗）	可以相處共事下去
我不好（I am not OK）	決　裂（無法挽回）	躲避行為（逃避或順從）

己行動的方向、個性的優、缺點。

最後，再將這種生活態度歸納成像前頁一樣簡潔易懂的圖表。這個圖表是小法蘭克．安斯特構想出來的，安氏給它取了個很妙的名稱：ＯＫ牧場。

你自己的「自我狀態構造分析圖」
——是長處？還是短處？

——從五種自我類型裏，找出自己個性的優缺點

「自我構造分析」（Egogram）有助於個人了解——「自己是什麼樣的人」。它主要是把個體的個性狀態、傾向用圖形表現出高低，凸顯出個體的性格及其缺點。

批判的父母（CP; CritiCal Parent）——遵守法律和道德規範，重視社會秩序，說教的、自我批判的「父親型性格」。

慈愛的父母（NP, Nurtuling Parent）——關心、體貼別人，溫柔、充滿

人情味的「父親型性格」。

成人（A; Adult）——客觀事實採取行動，凡事就事論事，不情緒化的理性型性格。

自由的兒童（FC; Free Child）——天真大方、悠然自得；想到什麼就做什麼的性格。

適應的兒童（AC; Adapted Child）——為了當「好孩子」，凡事察言觀色，順從父母、上司的要求，扼殺天性中隨心所欲部分，而去適應周遭環境的性格。

以上所述五種自我狀態，依場合的不同，時為個體性格長處，時而為短處，無絕對的好壞，須視情況如何而定。所以請注意，次頁圖表並不是用來評斷優、缺點，而是藉此一圖表，讓我們了解這五種自我類型彼此間的關係，對自己的個性能有初步而清晰的印象。比如說，個性缺乏P成分的人往往做事情沒有責任感；缺乏A成分的人判斷事情多半缺乏理性、客觀的考量；缺乏C成分的人卻每每杞人憂天過頭，擔心這個，擔心那個，以及過分自我保護。

缺 點	五種自我狀態	優 點
過分嚴厲，給人渾身帶刺的壓迫感。	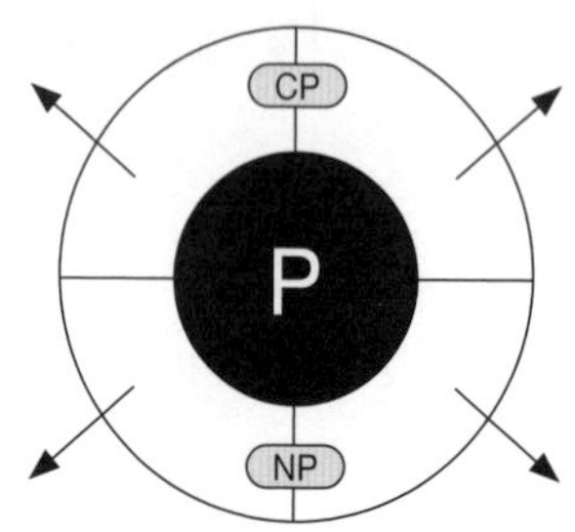	危險迫近，立即發出警告（看重生命、安全；遵守紀律、傳統）
多管閒事，放縱隨便。		鼓舞、支持。
態度冷冰冰，感覺如同電腦一般。	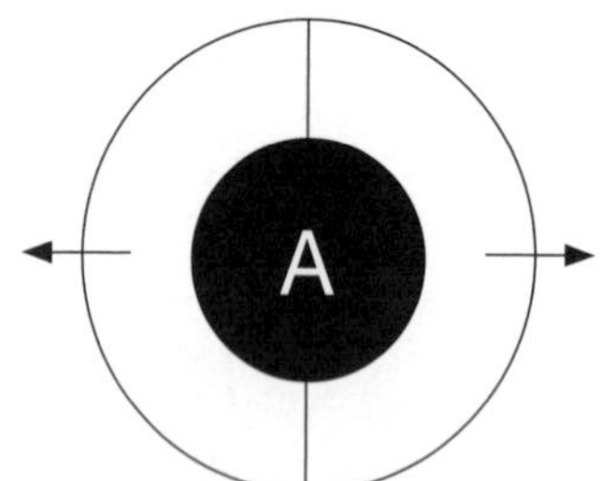	擅長蒐集事實，解決問題的意願高；理智、講道理。
行為脫常軌，反覆無常。	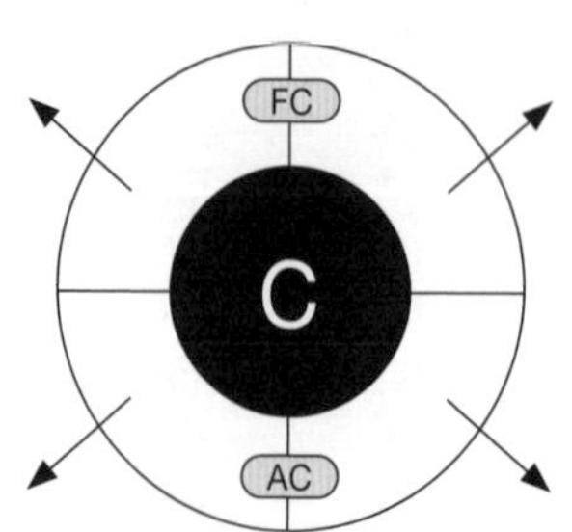	天真浪漫、悠然自得；善於應酬、交際。
任性、自閉、怕生。		老老實實，順從指示。

心理學趣味派 ❶

你性格樂觀？還是悲觀？

看到下圖中的纜車，你會直覺地認為：

①正在爬升

②正在下降

③停車中？

大多數的男性讀者的答案應該是①；相反地，也許有不少女性讀會選②。造成這種選擇差異的原因就在於個性與習慣的不同。個性樂觀、開放的人必較可能選擇①；而生性神經質、悲觀的人，以及習慣用感性眼光看事情的人，往往選擇的答案是②。

第二章

你（妳）的魅力何在？

所謂的男性化性格、女性化性格是什麼？你的男性化程度多大？女性化程度又如何？

——男性化性格與女性化性格

德國心理學家亞培巴赫用圖的方式，列舉出男、女性格的特徵。同樣是德國心理學家的懷寧格，則提出著名的「性的牽引法則」，認爲一個人的生理性別不管是男是女，他的性格裏，或多或少都含有某種程度的女性化傾向，或男性化傾向，而這種男、女性化傾向的程度多寡，正是決定一個人男性化或女性化的主要因素。

假設某位男性的性格（第三性徵）中有1/4的男性因素與1/4的女性因素，生理特徵的比例也相同。那麼，我們從他的第一性徵（性腺和性器）來看，知道他是完完全全的男性，甚至由長鬍子，變聲之類的第二性徵，同樣無法找出絲毫的女性因素成分。但是，這位男性假如有1/3以上的女性因素成分，就算他的性器是男性的，他的五官、體型、力氣，乃至於體毛稀少，陰毛呈倒三角形，總是會給人女性化的印象。

事實上，所謂的男性因素100％的純男性，以及女性因素100％的純女性，都是理論上的假設，現實生活中並不存在。相反地，大家倒是常常見到一些女性化男性、男性化女性的實際現象。現代社會中，可以區別男、女性不同的事物越來越少，走在街上到處可

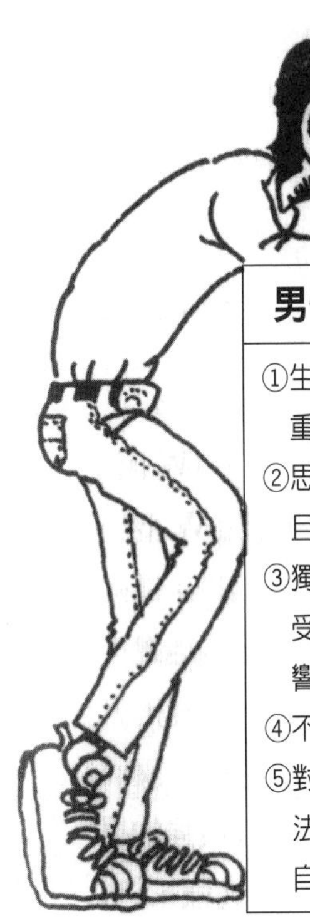

男性化性格	女性化性格
①生活態度理性重於感性。	①生活態度感性重於理性。
②思考問題深入且合乎邏輯。	②憑直覺看事情真相。
③獨立果斷，不受他人意見影響。	③決心易受他人的暗示和啓發影響。
④不講究穿著。	④十分注意流行事物。
⑤對人、事的看法客觀，不以自我為中心。	⑤很清楚別人的情緒和感受。

〈亞培巴赫圖表〉

以見到男、女性穿著相同的流行服飾，用同樣的措詞交談，有著同的行爲模式。有的人因而將這種男女性不再有明顯區分的趨向，稱爲「中性化現象」或「雙性共有化現象」。

——「女性因素」強的女性，鍾情於大鬍子型、充滿男性魅力的男人

單就「男性因素」（M因素）和「女性因素」（W因素）而言，由於所謂「性的補償作用」，M型女性和W型男性彼此投緣；而M型男性和W型女性性情相投。這些不但是理想的遺傳組合，現實社會中，人們也本能地遵從此一「性的補償作用」（亦即「性的牽引法則」）。

女性因素強的女性，對大家所謂的「美男子」多半興趣缺缺，反而傾倒於滿臉鬍子，充滿陽剛的男性。而女性因素強的男性對婀娜多姿的M型女性不來電，卻鍾情於個性強、「男人婆」型的女性。人們本能地想從異性身上找到自己沒有的事物，不只是性的機能差異方面如此，在個性、能力等方面，往往也都有這樣的傾向。

完整的「性的牽引法則」，除了M因素和W因素之外，還包括「心理的虐待狂」和「心理的被虐待狂」兩種因素。

——虐待傾向者勇敢進取；被虐傾向者溫和被動

虐待狂（Sadism）和被虐待狂（Masochist）是研究變態性欲的用語。研究這類變態心理學最有名的就是精神分析學始祖佛洛伊德。所謂「虐待狂」指的是經由給予他人肉體上的痛苦，獲得性快感的「虐待性欲」。相反地，所謂的「被虐待狂」則是由承受肉體上的痛苦，獲得性快感。乍聽之下，很容易讓人有「男性都是虐待狂；女性都是被虐待狂」的錯覺。事實上，如果仔細觀察，你會發現「女性虐待狂」和「男性被虐待狂」的例子，實在多得讓人大感意外。

虐待狂（Sadism）和被虐待狂（Masochist）二

詞分別源出於法國貴族薩德（Doratien Alphonse Fransois de Sade），以及奧地利貴族馬佐赫（Leopold von Sacher-Masoch）。前者的文學作品中經常出現性虐待的情節，而後者則在其作品當中，用許多篇幅描述被性虐待者的心理狀況；許多的事實也告訴世人，實際生活當中，不只是小說情節如此，薩德和馬佐赫本人，分別就是虐待狂與被虐待狂。

可是本書所指的「虐待狂」、「被虐待狂」，並非意味著變態性欲或性倒錯，而是著重於討論每個人的潛意識裏，有多少虐待狂及被虐待狂傾向的程度多寡的問題。

例如，亞培巴赫就認爲虐待傾向的人，精力充沛、意志堅強，屬於「勇敢進取型」；被虐待傾向的人，較爲柔弱膽怯、意志不堅，屬於「溫和被動型」。而這樣的氣質，從個體兒童時期的行爲舉止，就可以略見一二：虐待傾向型的男孩活潑好動，喜歡冒險，常常是大家所說的「孩子頭」；相反地，被虐待傾向型的男孩，常是被欺負的對象，多半得靠他人保護，方能倖免於難。而虐待傾向型的女孩，則多半能在和男孩的吵架當中輕鬆獲勝；被虐待傾向型的女孩演話劇，往往扮演小角色，聽任虐待傾向的女孩使喚。

——受騙失身的女性多屬被虐待傾向

虐待傾向型的女性，經常是學校或公司等團體的中心，衆人注目的焦點，服飾上的打扮絕對是領導流行的那種人。如果她還是個美人，感情方面遭到拋棄的，通常是男方而不是她。

就被虐待傾向型的女性而言，拒絕男性的求愛是極端困難的，若是對方請求，就算有些不情願，也多半會答應和男方約會。爲男性欺騙感情、下場悽慘的女性中的大多數，都屬被虐待傾向型。她們不但不怨恨對方，反而還處處袒護著男方。

——你是「唐璜型」或是「詩人型」愛人？

一般而言，虐待傾向型的女性在情感方面敢愛敢恨；而被虐待傾向型的女性則被動消極，且抵擋不住虐待傾向型男性的吸引力。

虐待傾向型男性，凡事積極、大膽，愛好賭博性質的事物。特徵是坐不

住，討厭靜靜地坐著不動，因爲旺盛的鬥爭心，使得他們不做點什麼事，就會渾身上下不舒服。感情方面，他們屬於一時的愛欲享樂者，急於達到目的，這一點，如果換成是被虐待傾向型的男性，則每每會將愛情純潔、精神化，認爲夫妻感情要越陳越香才好。

相對地，虐待傾向型的男性卻無緣於這類純情的、「柏拉圖式」愛情。被虐待傾向型的男性喜歡將異性的之情，當作祕密般地長期珍藏於心中。一旦想將這份感情告訴對方，亦不願開門見山地明說，寧可用送禮物、託第三者轉告，等拐個彎的方式表達；另外，如果半路殺出個程咬金般的虐待傾向型情敵，被虐待傾向型的男性就會默默地退出這個「三人世界」。

「虐待傾向」型的人與「被虐待傾向」型的人之間，最大的差別在於失戀時；前者很快就會斷念、死心，不願爲遙不可及的愛情所苦；後者則陷入自怨自艾的情緒當中，潛意識地由這樣的沈溺過程中獲得滿足。因失戀而自殺或殉情，正是被虐待傾向型人的特徵。

由了解自己魅力所在，進而產生自信，洞悉人心！

個性憂鬱程度(N)、開朗程度(A)測驗——

「憂鬱小生」嘗不到成功的滋味？

首先測驗一下你自己個性憂鬱程度(N)、開朗程度(A)。測驗題裏和你的情形相符者請答「○」，不相符者答「×」。兩者皆非可以跳過不答。

（　）愛好社交活動，天南地北地聊天。

（　）不會為了某些不順心的事情，整天愁眉苦臉。

（　）喜歡熱鬧、節奏輕快的歌曲。

（　）以參加宴會為樂。

（　）很容易就答應別人的請求。

（　）與其待在家中發呆，寧願到外頭透透空氣。

（　）容易發怒但不會記恨。
（　）喜好明亮的色彩。
（　）一上床很快就睡覺。
（　）容易跟著別人瞎起鬨。
（　）對於謠言、醜聞之類，特別感到興趣。
（　）屬於「大聲公」型。
（　）臉色、肌膚一般來講，屬紅潤有光澤的那一型。
（　）拙於複雜的思考和推理。
（　）做事態度雖然積極，卻無法盡如人意。
（　）喜怒哀樂情緒變化激烈。
（　）身體肥胖，有著「武大郎」般的體型。
（　）不喜歡洗熱水澡。
（　）體溫較一般人來得高。
（　）血壓較高。
（　）外表容光煥發。

（　）經常便秘。

（　）常想將他人擁有的物品佔爲己有。

（　）喜好由樂觀的角度思考事物。

這個測驗主要目的是想測知你個性的憂鬱程度和開朗程度，其中，開朗程度指數(AQ)的換算方式如下：

AQ＝（回答「○」的題數合計＋1/2〔未回答題數合計〕）×8

如果你的性格開朗程度指數超過100，即屬個性開朗型；相反地低於100的話，則屬個性憂鬱型。至於100上下（95～105左右），算是個性中庸型。值得注意的是測驗結果，原本就不是用來說明個性開朗或憂鬱的好壞，只是提供讀者另一種了解自我的輔助工具。

男性化程度(M)、女性化程度(W)測驗——

接下來是男性化程度(M)和女性化程度(W)測驗。同樣地，參考你自己的行為習慣，回答「○」或「×」，二者皆非的請跳過不答。

（　）對流行的事物感受敏銳。
（　）容易受到環境影響。
（　）天生具有演員般的氣質。
（　）喜好穿著顏色鮮明、顯眼的服裝。
（　）喜歡跳舞。
（　）討厭電視教學節目。
（　）不擅長科學方面的事物。
（　）愛好詩歌。
（　）好批評他人。
（　）非常喜歡遐想。

（　）偏好「蘇州腔」勝於「山東腔」。

（　）喜歡抹上香水後才和人見面。

（　）與人交談時，在意對方或自己是否有口臭。

（　）害怕看見屍體。

（　）厭惡西部片和武打片。

（　）不關心思想及政治方面的事物。

（　）喜歡擺龍門陣。

（　）對「愛情、倫理大悲劇」之類的東情有獨鍾。

（　）無法不去注意謠言、醜聞之類的事物。

（　）缺乏運動細胞。

（　）夜裏不敢獨自一個人經過墳場之類的地方。

（　）不喜歡灰暗的顏色。

（　）上洗手間補個粧也會頻頻洗手。

（　）討厭粗魯、粗暴的人、事、物。

（　）比較擅長複雜、煩瑣的手工工作。

這個測驗的目的在於測知受測者個性男性化程(M)較強，或是女性化程度(W)較。女性化程度指數(WQ)的計算方式如下——

WQ＝（回答「○」的題數合計＋1/2〔未回答題數合計〕）×8

WQ超過100，女性化程度較強；低於100則男性化程度較強。至於100以下屬於中庸型，男、女性之程度大致均等。現實生活，是不可能找到所謂的「100%男性」和「100%女性」，有的只是男、女性化程度的多寡而已！

虐待傾向(S)與被虐待傾向(M)測驗——喜好哪一項樂器？

以下的測驗答題方式和前兩個測驗的回答方式相同，和你個性符合的請答「○」，不相符的答「×」。二者皆非者可以略過不用回答。

（　）與其聽人使喚，寧可使喚他人。

（　）無視別人對自己的反對、不服從。

（　）喜歡從事設定計畫之類的企劃工作。
（　）勝負輸贏時，一旦輸了就勃然大怒。
（　）認爲「柏拉圖」式的愛情無聊愚蠢。
（　）非常喜歡賭博。
（　）喜怒無常，常被戲稱爲「晚娘面孔」。
（　）能夠很快地從失戀的痛苦中重新站立起來。
（　）做起事來精力充沛，神采奕奕。
（　）喜愛軍歌、進行曲之類的音樂。
（　）崇拜成吉思汗之類、統一天下的英雄。
（　）喜歡革命家及冒險家。
（　）對政治極感興趣。
（　）擅長演說、演講。
（　）比較容易迷信。
（　）喜歡鋼琴勝過於喜歡小提琴。
（　）一般說來比喜歡演奏輕快的音樂。

（　）偏好觀賞恐怖電影片。

（　）擅長運動。

（　）購物時不會困惑該買什麼才好。

（　）說笑話、打圓場是你的看家本領。

（　）如有機會，必然會試試什麼叫「狩獵」。

（　）討厭靜靜地坐著；如果不做點事、就會渾身不對勁。

（　）凡事討厭拖拖拉拉。

（　）即使遭遇些許的阻礙，也不會引以爲苦。

此測驗的目的在於測知受測者的「虐待傾向」較強？或是「被虐待傾向」較強？虐待傾向指數（SQ）的計算方式如下：

SQ＝（回答「○」的題數合計＋1/2〔未回答題數合計〕）×8

如果你的SQ大於100，那麼你的「虐待傾向」較強；相反地，如果SQ小於100，則你的「被虐待傾向」較強。如果指數在100左右，可以說兩種傾向的程度大小大致相等。不過我們要特別聲明：這裏所說的「虐待傾向」及「被虐待傾向」，並未含有一般大眾公認是「變態性欲」的意味在內。任何一個個體而言，他的精神狀態中，必然都含有這兩種傾向，只不過兩者的程度大小不同。

——找出你個性吸引人的特點，充滿自信地迎向未來

前面三項測驗的結果，可以歸納成表七：NA測驗的N表示「個性優鬱型」，A表示「個性開朗型」；MW測驗的M表示「男性化傾向型」，W表

測驗別＼類型		NA	MW	SM
Ⓐ	好勝剛強型	A	M	S
Ⓑ	一絲不苟型	A	W	M
Ⓒ	活力充沛型	A	M	S
Ⓓ	穩健踏實型	A	M	M
Ⓔ	自怨自艾型	N	W	S
Ⓕ	純純的愛型	N	W	M
Ⓖ	玩世不恭型	N	M	S
Ⓗ	浪漫多情型	N	M	M
Ⓘ	一見鍾情型	中庸型有一個		
Ⓙ	放肆精靈型	中庸型有兩個以上		

示「女性化傾向型」；SM測驗的S表示「虐待傾向型」，M表示「被虐待傾向型」。MD則表示中庸型。

A 好勝剛強型——強烈的獨立心和吃苦耐勞個性

這一類型的人看似冷靜，內心卻滿懷熔岩般的熱情。一般說來獨立心強，堅持己見，爲了實現自己的想法，能夠承受任何苦難。喜歡讀一些充滿知性的短評，不好漫無目的、感性的聊天方式，偏好知性的話題。

因爲內心深處有將戀人理想化的傾向，可能在某一時候、某種「契機」下之下，會突然地從戀愛的心境中清醒起來，只因戀人的舉止和理想中的他（她）相差太遠。然而，如果雙方關係已進入相知相許的階段，往往會無視於種種老掉牙的禁忌，沈溺於感官的愛情世界。他們認爲因爲相愛而有性行爲是理所當然的。不過沈溺歸沈溺，還是有著一定的限定。一旦對戀人的心靈魅力不再有所感觸，即使仍有肉體上的結合，他們仍會很理性地結束這段狂熱的愛情。行爲經常讓周遭的人大感意外的，通常也就是這類型的人。

Ⓑ 一絲不苟型——理性、客觀，有骨氣

一絲不苟，守信用的性格。決心做某件事，不堅持到底地完成，就會感覺過意不去。例如，在公司上班，如果不將手上的工作完成，即使是用餐時間，也絕不會離開辦公桌。

這類型的人絕少讓人看清他眞心所思。沈默寡言，讓人有冷漠的感覺，拿他沒輒。他們講話態度理性、客觀，就算動怒，說出口的仍然只是「本人無法忍受這樣的事情」，而不是「不要愚弄人！」這類充滿憤慨的話。

感情方面，他們並不重視性行爲，認爲和對方心靈相通就是莫大的喜悅。短時間的約會，即使只是互相望著對方，淺淺一笑也會滿足。一份充滿情意的小禮物，會使他們深受感動。原因不在禮物本身，而在禮物背後那份情意。

然而，他們也有倔強、固執的一面，說出口的話，絕不輕易作罷，也就

是大家常說的「有骨氣的人」。由於不願意明白地表示討厭對方，多半會自然而然地遠離那些讓他感覺不自在的人。

C 活力充沛型——生活在人情、義理的世界

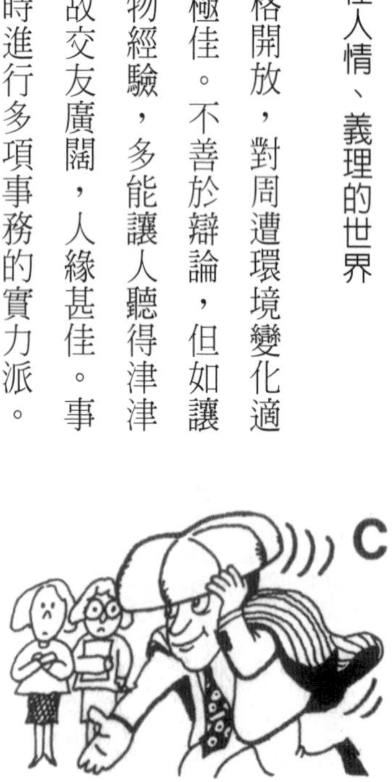

這一類型的人，性格開放，對周遭環境變化適應力強，待人處世態度極佳。不善於辯論，但如讓他談一些旅遊見聞、購物經驗，多能讓人聽得津津有味，有如身歷其境。故交友廣闊，人緣甚佳。事業上處事果斷，屬能同時進行多項事務的實力派。生活態度方面，擁有絕對的信念，當做爲人處世的準則。

個性從小就坐不住、好動，體內似乎有用不完的精力。重視人情、義理，無法對他人的請託說「不」。性格中有「短路」之處，才會因操之過急而失敗。對於戀愛充滿熱情活力，屬於一而再、再而三，攻勢不斷的那一型。一旦中意，就會毫不猶豫地追求起來。不耐煩於寫情書之類花時間的追求方式，只要看對了眼，就算是初次見，也會立即提議約會，直接表示求愛

之意。臉皮極厚，不會在意對方是否感到吃驚意外。

Ｄ穩踏實型——腳踏實地，一步步地……

這一類型的人，凡事認眞、苦幹實幹，個性保守，在許多場合給人害羞的印象。與其說是理想家，不如說他們能依常識判斷未來方向，毫無感覺地前進。不會幻想不可能實現的事，對任何事情都會有計畫地、務實地付諸行動，讓人覺得值得信賴，多要求幫忙，即使中途失敗，或發現錯誤，也會使傷害減至最低，另尋生路。他們的行動或許遲緩，卻總是能堅持到底。不但缺乏開風氣之先的能力，甚至可說是反應遲鈍，但本性正直善良，雖然因不擅長社交，讓人感覺難以相處，交往越深，卻越能感受他們個性的優點。

此一類型的人並不認爲愛有如一場遊戲，一旦發現對方心猿意馬、對感情不專一，往往痛苦萬分。結婚之後，不會堅持己見，傷害另一半。男性顧家，女性則熱愛照顧小孩及做家事。

E 自怨自艾型——唉！為什麼是我……

這類型的人容易迷失自我，多受制於人，很少能爲自己選擇該走的路，與人相處，十分在意他人對自己的看法：「是不是被愚弄？」「會不會讓人覺得自己不行？」常常往壞的方面想。特別是與一直信賴的人之間的信賴關係出現裂痕時，鑽牛角尖的程度，簡直讓人無法想像。是個性過分敏感？還是天生勞碌命？姑且算是過分自以爲是吧！

F 純純的愛型——外柔內剛，凡事不屈不撓

這一類型外表雖如荒野中的小花般我見猶憐，卻是不輕易被風雨所摧殘、外柔內剛型的人物。表面上對異性彷彿漠不關心，內心深處卻是謹慎過度，擔心碰釘子時會傷害自己的自尊心。因此多半會耐心地等待對方注意到自己，而不採主動追求方

式。對他們而言，大張旗鼓的戀愛方式，是讓人無法想像的。

暫且不論個性是否善於社交，單單是戀愛這件事，他們就無法充分發揮他們的社交能力。由於不善於表達愛意，很少直截了當地告訴對方自己的感覺。一旦成爲情侶，伴隨專情來的，往往是強烈的佔有欲。選擇約會地點不重視氣氛的好壞，在乎的是能否有眞正的愛的感覺。視婚姻爲愛情的延續，注重心靈契合，強烈地認爲性行爲應留待結婚之後。傾向於相親結婚而非戀愛結婚。

G 玩世不恭型——再見一次面如何？

這一類型的人是相當冷酷的利己主義者。個性喜怒無常，任性自私，討厭人所忽視或被抹煞，即使純粹是虛榮心作祟，無論如何也要惹人注目，哪怕是現學現賣，總要談些新的話題，甚至於要些小手段。例如：搭公車時，讓座給老人，目的在於想讓人稱讚他的義舉。

感情方面一樣冷酷，認爲戀愛和結婚是兩碼事，自始至終都視戀愛爲一場遊戲。他們腦筋轉得快，嘴巴又甜，不斷讓對方有新的驚喜，不會有所厭倦。因此連警戒心極強的人，也會解除心靈上的武裝，投入其懷抱。其中，男性尤其擅長製造氣氛，讓女方感覺到自己是眞心的約她出來見面，繼之而來的是，源源不斷地輕聲細語、情意綿綿。雖然原本只答應和他一起喝杯咖啡，由於氣氛實在太好了，情不自禁地又會答應和他共進晚餐，在燭光美酒的推波助瀾之下，自然而然地……，讓女方感覺有如置身春夢中。

H 浪漫多情型——敏銳的直覺和優異的果斷力

這類型的人藝術品味卓越，能夠直覺地挑選出優秀的音樂、繪畫作品。生活方面，往往無視於現實環境，有如生活在夢境一般。凡事以直覺做爲判斷標準，選擇異性對象也是如此，選出自己所好，然後果斷地展開追求。由於個性浪漫，傾向於將戀愛單純化，一旦陷入愛河會不顧後果

地往前直衝。喜歡將情人所贈禮物保存起來，如能貼身收藏，見到禮物就如同見到送禮的人，對他們而言是再高興不過的了。因此，追求這類型的人最有效的方法，不在禮物本身，而在送禮物時的說詞。例如，送生日或耶誕節禮物時，「今天是我們倆第一次約會紀念日」的說詞，相信最能獲得芳心。

此一類型的人的缺點在於過分熱情，甚至讓人有一廂情願的感覺。由於感情來得快，去得也快，哪一天忽然覺得自己太熱中於追求愛情，轉而一變成爲工作狂之類的例子，隨處可見。

⑴ 一見鍾情型——受一瞬間的靈感所影響

這類型的人往往在相遇的那一刹那，就認定對方「才是應該在一起的對象」，傾向於一見鍾情。這倒不是因爲對方特別英俊或美麗，而是因他們重視自己在相見那一刹那，所產生的靈感，並且在不知不覺中受到影響。

他注重與相愛的人之間的關係，凡事設身處地

爲對方著想。只要是和戀人有關的，就算是芝麻小事，也在所不辭，這樣對方不以心相許也難。經常讚美對方，甜言蜜語不絕於口，自然容易得到異性的愛。而言辭中不經意地流露出知性的魅力，很快便引起異性的注目。戀愛經驗豐富，對求愛的方式、策略如數家珍，能夠感受出戀愛時心境的微妙變化，從中獲得遊戲般的快樂。

個性早熟，不願受拘束，從十幾歲就開始轟轟烈烈地談戀愛，甚至於大膽地同居，正是這類型人的行爲特色。爲了引人注意，應該是他們做出穿情侶裝之類舉動的最主要動機吧？

J 放肆精靈型——受異性注目的「戰士」

這一類型的人或許因爲想像力豐富，充滿了「戰鬥意識」，無時無刻不想引人注意，尤其擅長贏得異性的注目。他們除了與生俱來對美的事物的卓越品味外，吸收新的流行訊息也來得較快，並且小心翼翼地表現在日常生活的一舉一動中，如此一來，很容易就

引起異性的關注。女性渾身上下充滿小妖精般誘人的魅力；男性則散發出肉感的性的吸引力。

初次見面時，這類型的人往往顯得戒愼小心，一旦有了好感，則會燃起熊熊的愛的火花，要求更親密的關係。雖然不至於被對方給燒了，卻亦步亦趨，有著強烈的佔有欲。在某些人而言，這些舉動可能代表著無微不至的濃情蜜意，但是一不小心，這些都可能變得跟強力膠一樣黏人，一樣讓人吃不消。例如，在公衆場合摟摟抱抱、親熱。外人可能會當他們是熱戀的情侶，當事人之一的對方，卻感覺難以消受。這類型的人十分重視心靈和肉體上的接觸，所以雙方很快就會有肉體關係。一旦有了肉體關係，要和他（她）分手，恐怕就不是那麼容易的了。

心理學趣味派 ❷

喜好哪一類型的音樂？
喜歡鋼琴協奏曲的人，有虐待狂傾向？
喜歡小提琴協奏曲的人，有被虐待狂的傾向？

觀察一個人愛好哪一類型的藝術，通常有助於判斷潛意識裏的他（她）是屬於虐待狂傾向？還是被虐待狂傾向？

一般而言，文學家多半會在作品中，加入或多或少的女性角色成分。如果該作家潛意識裏有著虐待狂傾向，則極可能喜歡在作品裏大量引用格言；而若是作品呈現出浪漫的、抒情詩般的情懷，則潛意識地傾向被虐待狂。

另外一個例子常見到卻和藝術扯不上關係，那就是「頓悟型」充滿機智的人，多數屬虐待狂傾向。被虐待狂傾向的人，往往反應遲鈍，缺乏靈機一動的能力。迷信的人不論從任何角度而言，多屬虐待狂傾向；而被虐待狂相較之下顯得較理性，深信科學，不為迷信所惑。虐待狂加上女性角色成分，顯現出來的就是高度的迷信。女教主之流的人，不是很多都有虐待狂傾向嗎？

音樂方面，愛好優美旋律、曲調的人，屬被虐待狂傾向，喜歡快節奏曲子的人，則屬虐待狂傾向。音樂原本就是傾向於被動消極，故作曲家大多有著被虐待狂傾向。但如果純由音樂的型式予以考量，則進行曲之類的是屬於虐待狂傾向。

樂器方面，喜歡鋼琴、大鼓者，屬虐待狂傾向；喜歡大提琴和小提琴的人則屬被虐待狂傾向。國樂器方面喜歡琴、柳葉琴、鼓的屬虐待狂傾向；喜歡洞簫、笛、胡琴的人，屬被虐待狂傾向。

因此，我們可以說，由一個人喜好的音樂型式、樂器種類，是可以判斷出潛意識裏的他（她），傾向於虐待狂還是被虐待狂。

心理學趣味派 3

你有多少重人格？

談起「雙重人格」，馬上讓人聯想到英國作家史蒂文生的著名小說「化身博士」（The strange case of Dr. Jekyll and Mr. Hyde）。小說中的傑奇博士知道自己喝下某種藥物，會搖身一變為二心海德而幹下種種罪惡勾當，海德事實上也知道自己是由眾所尊敬的傑奇博士化身而來。也就是說這兩種性格間有著「記憶的相連」。但是，真正的「雙重人格」，是不可能有這種「記憶的相連」，或是單方面的記憶；不是A性格、B性格間找不到相似點，是單單A性格有著B性格的記憶，包含著B性格。

心理學者威廉・詹姆士（William James; 1842～1910）舉例：某人以另一性格在外地用不同名字，從事不同的工作兩個月。他的兩種性格間並無「記憶的相連」，我們卻可以從催眠狀態中喚醒他的「第二人格」。另外電影《三面夏娃》之類的病症，也是常見的「四重人格」。最讓人吃驚的是某些年輕女性，竟然有「十六重人格」，且當中還夾雜著兩個男性人格。這一切都告訴我們：「每個人的內心深處，不爲人知的部分是如何的深不可測。」我們或許也可以這樣說：「多重人格是由個體個性中，遭受壓抑的願望化身而來的。」

《性格分析》外向性與內向性——知之者必能左右逢源！

——內向性並不比外向性來得差

男女間的性情相投，多半有著相對立的個性傾向，例如：虐待傾向的男性，配上被虐待傾向的女性；或是被虐待傾向的男性配虐待傾向的女性；和M要素與W要素間的關係一樣，於異性身上尋找自己所沒有的，「性的補償法則」，即足以說明這種現象。同樣的，「內向性」與「外向性」也適用於此一補償法則，如果我們將人的個性分爲內向性和外向性，則內向的人的另一半，最好是外向的人。

大部分的人個性或多或少，都兼有內向外向兩種傾向，何者的傾向較強，表現出來的就是個性的內向或外向。這一點不用再加以說明，知道的人想必也大有人在。

然而，各位所知道的印象，大概也僅止於字典裏三、四行的說明文字。字典上是這樣寫的——「內向（introversion），心理學名詞。爲心理分析學者容格所倡用，係指性格類型的一種。其主要特徵是將興趣與注意力集中於自身的內在思想與感受，對人際接觸與交往缺乏興趣，對外在的物理與社會環境也較少外顯行爲。」

事實上，性格的內、外向，並不是三言兩語就能解釋清楚的。

在了解自己或別人個性的過程中，首先一定要有

的觀念是：「個性無好壞之分」。或許有人要問：「難道殺人放火的人的個性，也不能算是壞嗎？」答案是：「這些人的行為是心理疾病所致，而非個性所使然。」我所說的外向性、內向性或是歇斯底里、躁鬱，指的個體基本個性。將性格分為內向、外向的瑞士心理分析學者容格，早就闡明內向性格並不比外向性格要來得差，肯定內外向性格的存在價值。一般人常把個性內向和精神疾病聯想在一塊，然而因性格過分外向引發精神疾病的案例，卻也時有所聞。總之，個性的比較，只不過是「差異」問題，談不上優劣、好壞。

——性格的八種類型

容格對內向性、外向性的定義如下——

《外向性格》

人格特徵爲注意力及興趣外向，容易對於外來刺激（尤其是別人）起反應及易於衝動。極端外向可變得具攻擊性，過分依賴集體的認可，不能獨立活動及思考。

《內向性格》

思想總是內向，不善於適應社會環境以及表達情緒。耽於白日夢和自我思考，總是反覆斟酌方下結論，在壓力下容易會退縮。

這樣子的定義說明稍嫌艱澀，簡單而言，個性外向的人屬經驗取向的現實行動者；個性內向的人則以自己的意志而非經驗決定行事方針。容格並進一步將內、外向性格細分爲下面八種類型：

①外向思考型——重視客觀事實的結論，抑制情感的表現。

②內向思考型——對事物常有獨到的見解和看法，得以發揮其個性，但有太過於以自我爲中心之虞。

③外向感情型——自我本位的行為雖多，本質上卻是想和外界取得調和。由於性格外向，缺乏主體性，故常予人沒個性的印象。

④內向感情型——乍看之下覺得冷淡、無情，內心深處卻有著深刻而纖細的情感。由於表達能力不夠，常為此與他人發生爭執而深受其苦。

⑤外向感覺型——及時行樂的現實主義者。

⑥內向感覺型——對內在自我的關心大過於對外界的關心。無法將內心糾葛形之於外，故常會與人格格不入而苦惱。

⑦外向直覺型——對事物的評斷，有自己一套的價值標準，對一般的評斷標準不予認同。

⑧內向直覺型——毫不關心外界的評價，僅僅生活在自己構築的內在意象世界中。

研究指出（容格本人也這樣認為），沒有一個人是完完全全屬於以上八種類型中的任何一個，現實生活中可以見到的都是「混合型」。

——由「心理同心圓」了解人際交往方式

內、外向性格的差別可以用圖十二的同心圓表示出來。越是接近圓心部分，對個體而言越是重要，可以說是私我程度的領域。粗線部分是所謂的「心理境界線」，這條線以內的領域屬於不容他人輕易進入的「心理地盤」。性格內向的人，心理境界線位於同心圓的較外側，因此讓人覺得難以接近，看不透他的內心世界。相反地，被認爲性格外向的人，心理境界線則較偏同心圓內側，性情開朗、坦率。雖然或多或少都有不欲人知的隱私，即使別人知道了，也不會引以爲苦。

〈心理同心圓〉

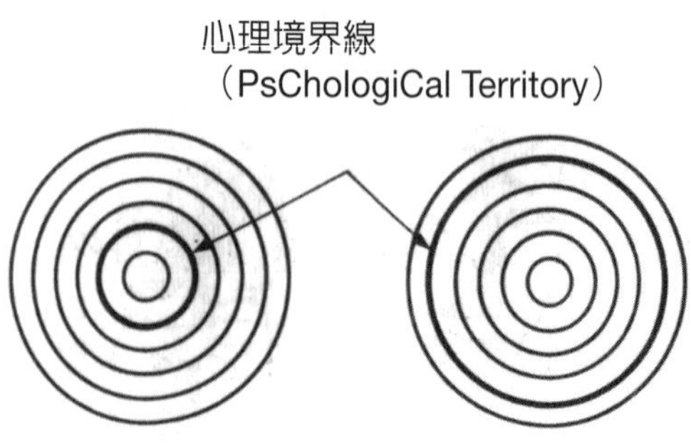

心理境界線
（PsChologiCal Territory）

在此我仍須再次強調：「性格並無好壞、優劣之分。」一般人常以爲個性內向是缺點，但是從整體的性格觀看來，這種論調只不過是毫無根據的誤解。至於外在表現的好壞，就要看每個人的個性產生良好作用，或是導致壞的結果而定。就以這個同心圓爲例子，若是能突破性格內向人的心理防線，對方必然成爲你惺惺相惜的摯友。如此一來，不禁讓人懷疑「外向性格」眞的優於「內向性格」嗎？從同心圓看來，要突破性格外向人的心理防線，恐怕還有一大段的路得走。

——莫瑞的性格判斷術——建立良好人際關係須知

美國臨床心理學者莫瑞仔細研究、分析容格的內向、外向學說後，歸納出人際交往過程中，內、外向人的行爲特徵，希望經由以上的介紹，能夠作爲你了解自己或對方的參考。

〈外向者特徵〉

①喜歡和他人相處，並能很快地交上朋友。置身於陌生的人群之中，亦能安然自在，不會存有逃避的念頭。

②參與不受限制的社會活動，爭取主導權。個性熱情、富攻擊性；支配慾強，感情外顯。

③一般而言，頗爲相信別人的善意；對於敵意則自信能夠予以擊潰。

④在適當的時機，圓滑而充分地表達自己的情緒。

〈内向者的特徵〉

①喜好獨處，選擇信賴的人爲友，哪怕這樣的人只有一個。

②團體聚會總想置身於團體外圍，擔心處於團體中心時，自己會不知所措。不好自我表現，渴望不爲人所注意。

③神經質、自我意識過剩：由害怕和自卑感作祟，行動受限，舉措不足。

④彷彿藏身在自我防衛的「殼」中一般，沈靜少言，外人難以接近。

⑤性情多疑；缺乏在緊急情況下，適切處理事物的自信。

⑥對事情的結果沒有自信，故抑制情緒表達，遲遲未能下定論，如此一來，就算是不情願，也只能將所有的不滿隱藏心中，經年累月，總有

一天會暴發開來。

看完以上的描述，恐怕你還是會認爲內向性格比較不好。但是，切勿如此。因爲就像小孩子太瘦不好，太胖了也傷腦筋的道理一樣，人們發洩不滿的方式，有的是滿嘴的牢騷不停，有的卻像山洪暴發。方式因人而異；談不上好壞。

——性向檢查——找出你眞正的個性

接下來，試著用一般所謂的「性向檢查法」，測驗出你或對方的性向指數，看看自己是屬外向性格還是內向性格。

〔性向測驗〕

用「○」或「×」作答；模稜兩可、二者皆非的可跳過不答。

①（ ）常爲瑣事而愁眉不展。

②（ ）凡事謹愼小心。

③（ ）別人說自己陰鬱深沈。

④（ ）我每次失敗後立即自我反省。

⑤（ ）沈默寡言，不健談。

⑥（ ）凡事不做則已，否則必然全以赴。

⑦（ ）耐性強，能忍人所不能忍。

⑧（ ）別人常說自己愛講道理。

⑨（ ）與人爭辯時容易動怒。

⑩（ ）行事有計畫且詳盡周延。

⑪（ ）喜好遐想。

⑫（ ）常被指責有潔癖得過了頭。

⑬（ ）重視自己所擁有的東西。

⑭（ ）不好與人爭。

⑮（ ）朋友說自己老是一副苦瓜臉。

⑯（　）個性十分倔強。
⑰（　）一般說來好不平則鳴，有諸多不滿。
⑱（　）想到自我評價就不知如何是好。
⑲（　）好批評他人。
⑳（　）極端厭惡被人使喚、命令。
㉑（　）絕對不願讓別人知道自己的祕密。
㉒（　）念念不忘某些悔恨已晚的事情。
㉓（　）個性靦腆、害羞。
㉔（　）寧可獨處，不願置身於人多的場所。
㉕（　）想法消極、畏首畏尾。
㉖（　）富決斷力、決策迅速。
㉗（　）容易改變主意。
㉘（　）「坐而言不如起而行」的行動主義者。
㉙（　）大體而言，生活態度優閒，從容自在。
㉚（　）喜怒哀樂形於顏表，藏不住心裏。

㉛（ ）喜歡參與大拜拜和參加宴會。

㉜（ ）高興時又蹦又跳、雀躍不已！

㉝（ ）動作乾淨俐落。

㉞（ ）做事喜歡風風光光，注重排場。

㉟（ ）工作時能很快進入狀況、全心投入。

㊱（ ）常常花些不該花的錢。

㊲（ ）喜歡參與社交活動。

㊳（ ）好擺龍門陣，喜歡幽默有趣的話題。

㊴（ ）對別人奉承自己的話，容易信以爲眞。

㊵（ ）偏好命令、使喚他人。

㊶（ ）虛心接納別人的意見。

㊷（ ）細微末節處亦十分注意。

㊸（ ）富同情心。

㊹（ ）與任何人交往都能很快地結爲朋友。

㊺（ ）擅長演說。

㊻（　）能神色自若地與思想、信仰不同於自己的人交往。

㊼（　）喜歡關心、照顧別人。

㊽（　）請人要比被人請來得心情愉快。

㊾（　）常被人欺騙。

㊿（　）常因輕易相信別人而失敗。

〈測驗的計分方式和判定標準〉

首先將①～㉕回答「×」的題數，加上㉖～㊿回答「○」的題數，所得數即爲「外向性格計分」。其次用下列公式：

$$性向指數＝（外向性格計分＋\frac{未回答題數合計}{2}×4）$$計算，

即可得出你的性向指數：大於100分者，屬外向性格；少於100分者，則個性偏內向。以下即是各種性向指數的分段說明：

61分～80分——擇友標準嚴格，防衛他人的闖入

重視自我的內在層面遠勝於其他的事，故境界線偏外側，防衛他人的闖入。擇友標準十分嚴格，所以朋友數雖屈指可數，但必然都是十分知心的友人。外表冷漠，心卻古道熱腸，這點只有與之交往甚久，得其信賴者方能明瞭。評斷事物理想色彩濃厚，主觀、不易爲人所左右，擇善固執的苦幹實幹型人物，卻也因此容易流於獨善其身，甚至走上「自我嫌惡」的道路。

81分～100分——不屈不撓、直到最一秒鐘的責任感

性格雖屬內向，卻頗爲實際，表面上亦能表現得開朗、快活。責任感強，行事穩重、沈著。內心對事物予以合理的考量，對外態度謙恭謹慎。視俗務爲事不關己，多少含有批判的意味在內。由於過分愼重或是太過在意別人的感受，決策時常舉棋不定；然而一旦下定決心，就必定會全力以赴，貫徹到底。

101分～125分——協調能力出衆的現實派

外向中見謹愼的性格。富協調能力，忠於達成組目的。順應體制，對既存事實多能痛痛快快接受的現實派。凡事順其自然，不強求自己亦能寬以待人。雖然對複雜又煩瑣的事物沒輒，但由於立場客觀，多能一語中的，順利推動工作。心胸開放，爲人四海，容易和別人打成一片。十分在意他人對自己的評價，心裏總想滿足周遭所有人的期望，故例行工作亦能毫不馬虎，做得漂漂亮亮的，多半是這類型的人。

126分～155分——稍微欠缺持續性的行動主義者

厭惡一切低效率、徒勞無功的事物，而好強迫他人接受自己的做事態度；不顧，蠻幹到底的類型。凡事態度積極，對周遭環境變化感覺敏銳，且能適時而巧妙地予以回應。判斷事物正確而快，卻也不無欠缺持續性之嫌；加上個性急躁，多少有些愛出鋒頭的傾向。情緒起伏不定，容易生氣動怒，宜小心避免。

一般而言，得分未滿50分或高於156分的人大概沒有；若有人如此，可能是心理上有某些問題（注意：這不表示有心理疾病），不妨試著找出問題所在。

心理學趣味派❹

「配對假說」——休息時間，向美女搭訕的會是誰？

「配對假說」——相配的男女較可能成為情侶，經由美國心理學家奇斯勒等人所做的實驗獲得證實。首先，他們以做智力測驗為名，集合一群大學男生受測，再將這群受測學生區分為：測驗成績讓實驗者感到十分滿意的「高自我評價組」，與測驗成績讓實驗者感到生氣的「低自我評價組」。後奇斯勒等藉休息時間，和這些受測學生輪流到西餐廳喝喝飲料。事前，奇斯勒等早已安排某一位相識的女性在該餐廳等候。此一女性藉著改變穿著或化粧，時而顯得嬌艷動人，時而顯得姿色平庸。奇氏介紹二人互相認識後、乘機離席，暗中觀察男學生是否探問女方的電話號碼？或約女方看場電影之類的舉動。結果如何呢？屬「高自我評價組」的受測男生，在女方顯得艷麗動人時，大多會採取上述之追求行動；相反地，屬於「低自我評價組」的受測男生，大多會在女方姿色平平的情況下，做出上述的舉動。

異性相吸乃人之常情，但是這個實驗告訴我們：人們往往在自尊心（此一實驗的「自我評價」）和擔心碰釘子的心理因素作用下，選擇和自己相配的異性。

心理學趣味派 ❺

明知《結婚圈套》會騙人？還是被騙？

不妨動點腦筋，要要詭辯的手法

「盡可能地早些結婚是女性的職責；盡可能不要結婚則是男性的職責。」說這句話的人，是英國的劇作家、評論家蕭伯納。

甲小姐是大家公認的美女，雖然想和男友早些結婚，男友卻老是支吾其詞，遲遲不肯。有一天，男友對她說：「妳知道我想和你做什麼嗎？如果妳猜中了，我們馬上結婚。就這樣決定了，知道嗎？」

滿心想和男友結婚的甲小姐，絞盡腦汁，終於想出答案，如願以償地步上紅毯的一端。

那麼，甲小姐想出的答案是什麼？

甲小姐回答：「你不想和我結婚嗎？」即可。猜中的話，男友自然要遵守約定和她結婚；猜不中，反而變成男友向她求婚，結果還是結婚。

這個答案是從古來有名的詭辯法中脫胎得來。

心理學趣味派 6

凡事都只有二分法嗎？

請仔細觀察看看！

下面的Ⓐ、Ⓑ、Ⓒ三圖，各是什麼圖畫？請從遠處眺望、近處細看。

這些圖形就是所謂的「多義圖形」、「隱藏圖形」，圖中各自隱藏著另一種圖形。

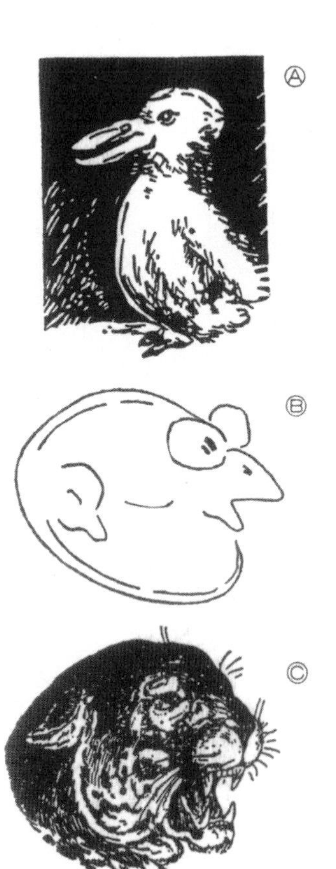

圖Ⓐ看起來像是向左看的鴨子呢？還是向上瞧的兔子呢？圖Ⓑ看似人臉的側面外，又好像是老鼠。那麼圖Ⓒ呢？不管是遠看或近觀，相信就會浮現出馴獸師的影像吧？

第三章

人們爲何言不由衷？

人們常常言不由衷，卻感嘆「做人難」的心理糾葛

——你的自衛本能保護你到什麼樣的程度？

人們經常下意識地想要忘掉不愉快的經驗，犯了錯也總是爲自己的行爲找尋藉口。這一切都是後天養成，自然而然想要保護自己的適應方法，亦即爲了讓自己從緊張狀態中求得到解放，以間接方式轉移目標的一種心理過程，心理學上稱之爲「防衛機轉」。此一心理過程多半著重於保全個人自尊心和消除不滿，所以也稱爲「自我防衛機轉」，它起因於不想傷害自己的欲望，是一種藉由否定和僞裝欺瞞自己的方式。

「性情彆扭」和「壞心眼」是什麼樣的心理？

①凡事唱反調的人

②將個人的失敗歸咎於外的人

③對別人的矇騙、搪塞耿耿於懷的人

④極端討厭男人的女性

⑤愛看黑社會電影的人。

身爲上班族的M（25歲），和周遭的人格格不入：別人談笑風生，他則滿臉不屑一顧的表情。人家要去酒吧，他卻說要去串燒店，轉頭就走。平日東拉西扯，說話好用艱深的字眼。總之，大家公認他是個——「討人厭的傢伙」。

就M的個案來說，他的自卑感使他有惹人家不高興的念頭，且自我辯解，認爲自己若是認眞的話，表現一定更好。考試成績差的學生，不怪自己不用功，反而歸咎於試題太難、配分不當。操守不佳的人，刻意強調別人的欺騙行爲；失誤而摔球拍的網球選手；把個人達不到的野心、願望，寄託在小孩身上，要求孩子上進與要求自己更認眞教育的媽媽；甚至一般人都會將自己的不滿、缺點和失敗，歸因於他人，強調別人也一樣，藉以掩飾自己的自卑感。此一過程即是防衛機轉中的「投射作用」。

討厭男人的女性——為什麼被碰一下就會起雞皮疙瘩？

投射機轉最常見於被害妄想的人，而疑心重的人當中，也可以找到相同的態度。少見而極端的個案則如：考試成績太差的學生認爲老師心存偏見，蓄意「當」人；同樣的，嫉妒心往往源於對配偶以外異性的性欲投射；討厭男性得連被碰一下都會起雞皮疙瘩的女性，比一般女性更壓抑個人對異性的注意，才會有如此的反應；少數女性常發牢騷，表示男人看她的眼神下流，甚至疑心他是色狼、變態，可能正是她對「性」的強烈好奇心遭到壓抑下的投射。

總之，人們抱怨自己爲何發生這種事的同時，他（她）受到壓抑的潛意識（欲望、情感等等），會找尋出口，而以扭曲的形式表現出來。

另外，人們模仿自己尊敬的人物、崇拜某個團

體的成員，自以爲和他（她）一樣，或是屬於該團體的一員，這些行爲表現的潛在因素，多半是爲了滿足現實生活中，憑自己力量所無法企及的欲望，乃至於減輕不安的心理。這種安定自己的心理作用，屬於防衛機轉中的「認同」作用。人們藉由模仿動作、服裝，以及話說語氣，吹噓自己的家庭背景、出身的學校，把自己當成所熱愛的電影、小說中的主人翁，而從中得到了滿足。

看完黑社會電影，走出電影院的年輕男性，也許是主觀印象吧？似乎沈醉在「黑社會的英雄」世界裏，走起路來都會有如螃蟹一般張牙舞爪、自命不凡；歌迷、球迷因自己喜愛的歌星、球員表現傑出而感覺滿足，或是自己支持的球隊比賽勝利、所屬團體中出現優秀人才，進而覺得比其他團體來得優越，都可算是「認同機轉」的作用。

代償行為——這是什麼樣的心理？

①愛用幾十年前得獎獎品的人

②溺愛寵物的人

③突然開始花用儲蓄存款的女性。

首先，讓我們看看一個女性當事人的個案——

S女士，家庭主婦（53歲），曾經在中學時代得過作文比賽的第一名。私底下，都已經五十好幾的她，仍然愛用當年所得來的獎品——一支鋼筆和木製筆盒。

M小姐（36歲）養小狗當寵物，常見她把小狗抱在膝蓋上耳鬢廝磨，還對著小狗說話，疼愛到簡直可說是溺愛的程度。

A女士（48歲），結婚17年以來，一直是衆人眼中恩愛圓滿的夫妻。突然之間傳出丈夫外遇的消息，A女士知道後，便將17年辛辛苦苦積蓄下來的數百萬存款全部提清，隨手大肆購物，一個星期之內花得一乾二淨。

人在難以取得眞正要的目標時，似乎是爲了得到替代的滿足，可以見到轉向其他目標的代償行爲。例如：沒有小孩的人，異常疼愛寵物；對配偶的不滿，由溺愛小孩獲得補償；異性戀無法滿足，轉而以同性爲性愛對象；無法得到異性的感情，改以持有該異性的個人用品，消除因無法滿足而起的緊張情緒。

這些代償行爲若是社會規範允許的，則叫做「昇華」，像性需求和大悲、大怒之類，不爲社會規範所接受的欲望和情感，並不直接明白地表現出來，而是透過社會規範所認同的文藝、繪畫、雕刻和音樂等形式，求得心理上的替代滿足。喪偶者充當義工、義務看護，在心理學上可以解釋爲「性愛的昇華」。而年輕人的鬥爭欲、優越感，轉化成運動競賽或登山活動；失戀者藉由創作傑出的藝術作品來轉換心情，都屬相同的心理作用。

前述S女士的個案可以視爲她回味往日的光榮，藉以慰藉她對自己身處環境的不滿。M小姐的個案則可明顯地看出她內心深處對愛情的挫折感——溺愛寵物她因爲感情無處寄託而引起的挫折感。至於A女士雖然內心想演出「婚外情」來報復先生的出軌，卻沒有勇氣付諸行動，只得大肆購買平日想要、但是買不起的高價品，藉以消弭自己的挫折感。

退化現象是什麼樣的心理因素造成的？

①好提「當年勇」的人

②老說自己「近來頗爲吃香」的人

曾經在一家小酒館裏看到這樣的情景：一個五十歲左右的主管級人物，得意揚揚地向著在座的年輕人，吹噓自己的陳年往事和過去的功績。常見的景象是，他本人說得興高采烈，旁邊的人卻聽得掃興極了！

個體在心理上寄託於兒童時期所被允許的情感，使得行爲受到「昔日好景」式感情的心理制約，而出現幼稚或退化現象，這就是逃避機轉中的「退化」作用。小孩常爲了要得到父母親的關愛，使用幼兒語或撒嬌。一旦身體長大後，犯下大錯卻仍期望周遭的人用「小孩嘛！沒辦法」的態度看待而且像小時候一樣地原諒自己，這種情形有可能是他（她）嘗試僞裝成幼兒，想要逃避解決現實生活中遭遇的種種難題。

初次離開父母身邊、遠赴異鄉就學的遊子，在無法適應新的生活環境時，挫折感常導致他（她）回想

往日家鄉的美好生活，這種「思鄉病」也是「退化」行爲的一種。

挫折感有時反而透過自吹自擂的方式表現出來，並不見得會到處吐苦水、牢騷滿腹。好提當年勇，吹噓個人過去豐功偉業，正是那些趕不上新的時代變化，對工作無法適應而充滿挫折感的人，想要忘記現實，只好求諸於過往的「豐功偉業」吧！

例如，丈夫對妻子說：「說了你也許會認爲我是在胡扯，我在公司的女同事眼中，可是最有人緣的人哩……」

「……」

又如，對女朋友說：「太受歡迎也有好有壞啦！像昨天公司的尾牙聯歡會，我在女同事之間可是很吃香的哦！」

「……？」

突然之間，一個人開始惺惺作態而且頻頻大吹大擂，淨說些自己如何吃香喝辣的話，差不多可以確定此人已漸漸呈現退化症狀。退化現象的成因因人而異，可能是最近感到精力衰退、心靈空虛，連女孩子都改口叫自己「歐吉桑」了，這才愕然驚覺到自己已經到了這樣的歲數。

……儘管如此，自吹自擂的內在層面，往往意味著渴望——「他人看重自己，討自己的歡心」之類的心理需求。這一點和小孩子因爲弟妹的出生，感覺父母親的愛不再傾注在自己身上時，行爲舉止倒退回嬰兒時期，出現尿床和吸吮手指現象，有著相通的道理。

遁入獨我、幻想世界的心理

逃避機轉中還有一類叫「退避」——避免和困難狀態接觸，孤立於他人之外。不說話，態度抗拒，失去和他人的情感共鳴，躲在個人主觀世界的自閉症，也包含在內。

此外，逃避機轉中，有一種屬於「幻想性逃避」。它企圖把現實世界無法滿足的欲望，在幻想的世界中達成，亦即所謂的「妄想」、「白日夢」。當自己是小說的主人翁，耽於胡思亂想，崇拜明星，幻想自己身處華麗、盛大場面的情景，都是常見的例子。

幻想性逃避只能暫時滿足平日受到壓抑的自我要求，一旦重回現實生活，不安、緊張依舊。總之，逃避只能逃避現實困難於一時，卻得不到眞正的滿足，緊張感並不會因此而消除。

「酸葡萄」和「老王賣瓜」

①運動狂

②「好女要跟男鬥」的女性

③臉蛋沒自信的女性，穿著「超」迷你裙

④童山濯濯的禿頭男人，腳穿進口昂貴皮鞋

⑤盲目追趕流行的男女

⑥想專心致力於工作、所以不結婚的男女

個體在自己的某種要求無法滿足，覺得無力、自卑時，為了消除這些心理糾葛，會下意識地發揮他（她）其他方面的別種能力，企圖拾回優越感，這一心理作用就叫「補償」，屬於防衛機轉的一種。

強調競爭的現代社會裏，所謂「不如意事十之八九」的情況下，挫折感、自卑感在所難免，而「補償作用」也就屢見不鮮，它的開始亦從承認自己不如人、不完美起步。失敗可恥，讓人難以接受，所以個體想在其他方面

取得補償，希望能過人一等，起碼也並駕齊驅。藉著補償行動，嘗試消除挫折所帶來的緊張感，而我們可以說；在自我意識強的人、神經質的人，和水準高的人身上，經常可以看到這類的補償行爲。

例如：學業成績差的學生只對運動著迷，想要體會優越感的滋味；長相缺乏自信的女性在工作方面，刻意與男人較量、固執己見。而升遷已無指望的上班族拼命兼差，炫耀自己的經濟能力也屬同樣的心理作用；不良少年強欺弱、竊盜等等行爲也都是補償心理在作祟。

至於身材、長相所引發的自戀情結，不妨看作是促使對自己臉蛋缺乏自信心的女性，穿著超短迷你裙，禿頭的男人足蹬舶來昂貴皮鞋的主要原因。

另外有的人很容易受制於時尚、流行，有的人則視若無睹，毫不在意。一般說來，前者以女性居

多，她們較關心且追求時髦，這一點可能源出於女性獨有、而心理學上稱爲「認同性」的氣質；雖然最近男性之間，顯而易見地也有不少追求時尚者。

總之，這些人都屬於「順應體制型」而且他（她）的行爲正是缺自信的表現。反過來說，他（她）想藉著對他人表現權威、威信、補償自卑感，來轉換心情。比如：考試考砸了，歸咎於試題本身、身體不適，等種種理由和藉口；過了適婚年齡的女人表示有許多人來提親，自己遲遲未婚是因爲自己太過專心致力於工作方面等等。像這樣子，人們不願坦率承認自己的失敗和缺點，反而找盡藉口說辭，將自己的立場和行爲正當化，以保持自我價值的防衛機轉，就叫做「合理化」。

伊索寓言裏那隻狐狸吃不到葡萄，悻悻然斷言葡萄是酸的——降低目標價值來使自我獲得接納，正是「合理化」行爲的代表典型。相反地，「老王賣瓜，自賣自誇」則是將微不足道的小事，誇張成價值十足而滿足自我。

上述行爲雖然人人都有，若是偏差過頭，將自己個人的問題，全部歸諸他人引起，卻不反省本身的缺失，那麼，則只會阻礙個人的成長。

無意識地壓抑自我的心理

①不小心寫錯字

②管教嚴格家庭出身的女孩，表現出嫌惡男性的態度

③吹噓自己下流德行的「唐璜型」男性

你偷偷喜歡上一個就道德觀點而言絕對不該喜歡的人，心中必然會有所「壓抑」。事實上，人們時常在無意識之間，抑制不該有的欲望和衝動，避免表現出來，並且希望能保持心理安定，這種心理過程，屬於防衛機轉中的「潛抑」。

精神分析學者表示，對性欲的憎惡、攻擊，遭受壓抑的傾向越強，越可能清楚地出現在夢境中，或是象徵化。佛洛伊德在《日常生活的精神分析》書中，舉出很多的慣例，例如：記憶喪失、不小心寫錯字、說錯話等等，都可說是壓抑所引起的；無意識的失敗，通常是對某種事態和局勢的適應。

此外受到壓抑的欲望需求，有時也會以截然不同，甚至完全相反的面貌呈現出來——對恨之入骨的人，反倒壓抑住憎惡的情感，表達出友善的態

度，這在心理學上稱作反向作用。

在家教嚴謹家庭中長大的女孩子，表現過度的潔癖和嫌惡男性的態度，內心卻充滿對異性的好奇心和關注。內在與外表顯得十分矛盾，壓抑個人欲望的反向作用於是形成。

一些唐璜型的男人時常半開玩笑地對女性毛手毛腳，吹噓自己的風流韻事，實際上有不少人可能是為了掩飾性的自卑感，而故意偽裝的反向作用態度。相反地，越是對異性有潔癖的人，越是壓抑對性的強烈關注。

有時候，人們要防止某種行動表面化，會企圖藉著完全相反的舉動，抑制自己的欲望；陷入悲傷情緒的人高聲大笑；內心歡喜卻裝作若無其事（或是難為情）；以及心中提心吊膽，嘴上依然好強、逞能等等。敵意的反向作用還包括丈夫對太太異常親切，妻子對老公百依百順，甚至於親友、同事之間的誠實、禮節、謙讓之類的行為，都可能是憎惡、輕蔑的反向作用。

一般說來，道德意識、嗜好和思想上的偏見，多半是從反向作用產生，一旦這種適應機轉又固定下來，就會塑造出頑固且缺乏融通性的人格。

「攻擊！目標：阻礙自我滿足自己需求的人」

——這是什麼樣的心理作用？

需求強烈卻遭阻攔；各種欲望在內心交戰，都會讓我們神經緊繃、感覺強烈不安。「適應行爲」就是人們爲了消除緊張，早些脫離不安且不快狀態的種種嘗試反應。一般相信，個體面對挫折、衝突時，不管是正常或異常的人，都有一些類似、共通的行爲類型，心理學上叫做「適應機轉」或「適應力學」，在理解人如何適應外在環境方面頗有助益。

「哎！這種倒楣事為何發生在我身上！」

——「挫折感」何去何從？

個體在挫折感隨著不愉快、憤怒，及欲念累積而高漲到某種程度的情況下，對挫折感成因會有積極至對抗性的反應，心理學上稱爲「攻擊機轉」。

這種攻擊反應有直接和間接兩種，前者態度明顯、直接，用暴力或粗魯的言語攻擊阻撓者；後者則表面上將自己受挫之事置於一旁，不做直接攻擊，暗地裏卻大肆責難對方，說人壞話。不屬批評挑剔的上司「在家受老婆的氣，抬不起頭，才會出氣出在咱們身上」；後進的職員面對資深的女職員；不提她的能力優劣，也不想想自己工作效率奇差，卻譏諷她——「當個老小姐是咎由自取」、「很會利用化粧手法……」，都是典型的間接攻擊機轉。

另外，有些主管疑心病重，例如：部屬因病請假，他卻懷疑人家打混摸魚，打電話刺探，甚至還假裝探病，特地到部屬家中拜訪；部屬報公帳則懷疑他們中飽私囊。總之，連眾人談笑他都會聯想成別人在說他壞話，成天疑神疑鬼，極端的人還會產生被害妄想，進而反擊——向上司打小報告、蓄意使壞排擠人。

在某些場合，攻擊目標未必就是疑心病，有時候，和挫折感成因扯不上關係的人（事、物）都可能遭池魚之殃。工作出錯而吃上司排頭的老公，回家把氣出在太太身上，太太則發小孩子脾氣，小孩子回到自己房間摔盡所有東西出氣，挫折感就在這種種風馬牛不相及的舉動裏，找尋到發洩的空間。

心理學趣味派 ❼

魔術般的先入為主觀！
為什麼看的人會有這樣的反應？

一對情侶在咖啡廳聊天。

甲小姐：「我們介紹丁先生給丙小姐認識吧？」

乙先生：「好啊！他以前也拜託我幫他留意一下。」

甲小姐：「可是，他長得怎樣？有張什麼樣的臉呢？」

乙先生於是拿起筆，在張紙條上畫出丁先生臉的樣子（如下圖）甲小姐一瞧，生氣地說：「討厭！你畫的這張圖、好那個……」別過頭去，不理乙。

到底是為什麼呢？

這張圖形是美國心理學家費雪於一九六七年設計出來的。對甲小姐而言，她所看的是如左下方的裸女圖。像這樣子的圖形稱爲——「多義圖形」，看法的不同，導致圖形意義大異其趣。

產生這類現象的主要原因之一，在於每個人各自有著某種欲望。當他看著圖時，他的欲望和潛意識，反映在他的看法之中。以甲小姐爲例，或許甲小姐對裸體有某種情結，反映至她對圖的看法，才會有這樣的反應。

請看右上圖。圖中的Ⓐ，明顯的是張男人的臉，如果Ⓐ依序看下去，再怎樣也不可能看到女性裸體圖，再看還是如此……

總之，一個人看某件物品時，如果心中懷著某種期待或心理準備，即使看的是同樣的東西，也會有不同的看法。

第四章

兩性交往面面觀

男女關係的四種形態——由平日交往方式了解個性

——討人喜歡與討人厭——男、女看法的差異

所謂「窈窕淑女，君子好逑」，任誰都想博取異性的好感。因此，格外謹言慎行，讓他（她）對你有良好的印象。然而，就像笨拙的讚美言辭，只會使對方更加疏遠一樣，自己不曾注意到的態度，往往是激起反感的主因。故了解自己什麼地方討人厭，進而掌握、克服，改善與伴侶間的交往關係也是必要的。那麼，你知道自己與異性交往過程是A～D中的哪一種？

A．多半是先聽儘管如此的意見，最後通常是無異議地順從對方。

B．先說自己的看法，將自己的所好，列為優先考慮。

C．和對方交談時充滿自信，且會明白指出對方討人厭的部分。

D．儘量避免惹對方討厭，即使看不慣對方所作所為，也會諒解，而不加指責。

A 男性──

就女性的觀點而言，你的態度雖然不算是缺點，卻也讓人摸不清你眞正的長處，且給人平淡無味的印象。另外，女性不清楚你對她的感覺，久而久之也就日益疏遠。對於你這一類樸實、腳踏實地的人而言，若能在她開口前，率先表達出自己的意見，會使你們彼此取得平衡；而略顯闊綽的言行和穿著，更有助於她了解你的魅力所在。

A 女性──

此一類型的女性，對自己或異性，道德感都十分強烈，擔心這個不可以做，或是怕那樣會被人輕視，到最後只得順從對方的意見，而給異性「保守、畏縮不前」的觀感；而缺乏主動性自然也使男性對你產生不了深刻的印象，掩蓋住妳的魅力。事實上，男性希望妳能更主動、大膽些。連妳自己都

感到驚訝的大膽舉動、言行，對他們而言，反倒成了另一種吸引力。

B　男性——

一般說來，你是那種讓人覺得可以信賴，進而產生好感的類型。自信十足的你，帶給女性的安全感，可說是最大的魅力所在。雖然，從另一個角度而言，你可能會疏於注意滿足自我和異性感受之間的差距，而讓女性感覺難以進入你的內心世界。若是不改變自己「獨善其身」的態度，小心被人看做是「老好人」。

B　女性——

充滿自信，凡事獨立、自主，絕不輕言妥協的女性類型，留給初次見面的男性「爽快、俐落」的好印象。但是，交往越久，妳欠缺通融的個性，越是顯眼，反倒讓人產生反感，女性友人如此，男性方面，更是容易導致意見衝突。對妳而言，當務之急可能在於一面尋找堅持己見，與考慮對方感受之間的折衷點，一面決定自己的言行舉止。

C 男性——

此類型的男性心高氣傲，心中經常存有支配女性的欲望，自以爲是，認爲——「自己喜歡的，她也應該喜歡」，故常因事情進展未能如己意而倍感挫折。對事物的好惡明顯，不合己意者有排斥傾向，而女性的防衛本能卻使她們只傾心於保護、善待自己的人，故敵對、批判的態度，只會讓她們敬而遠之。記住：直來直往，毫不保留表示自己的好惡，只會讓對方更無法接納你。

C 女性——

意志堅強，自尊心強烈的類型。常不自知地以顧全個人尊嚴爲優先考慮，容易讓男性產生反感與誤解，只因自尊心作祟，不願充分表達自己的意見，顯得獨斷獨行。與男性交往，內心宜記住：「己所不欲，勿施於人」、「男性的心胸寬大不是沒有限度的」。

D 男性——

自認爲體貼，實際上卻讓女性看輕的類型。過分顧慮別人對自己的看法，而凡事應允，最後，豈不落得事事半途而廢？且女性會認爲你是「降格以求」，交往態度也就隨之而改變。對異性若是不明確表達自己的感受和主張，則你的體貼、細心，所換來的只會是對方的輕視。

D 女性——

雖然自認毫無惡意，卻往往被人誤解是輕浮、「交際花」的類型。本性不願意傷害他人，加上體貼、溫柔，待人和藹可親，即使不是自己傾心的男性也會對妳產生好感。如此一來，眞正相愛的男性，便認爲妳舉止輕佻，懷疑妳對他是否眞心相待。此種待人與處世態度若不改變，只會繼續招致誤解。

「讀你千遍也不厭倦」——從對方的話語、態度、行為，透視他的內心世界

——他的性格？對妳感情的認真程度

男女交往剛開始總是讓人感覺新鮮，而面對心儀的男性，所謂「情人眼裡出潘安」，不喜歡的部分也成了他的長處。但是，隨著相處的時間漸久，妳也可以冷靜地看他的稟性、爲人如何？這同時，妳卻無法明白他怎樣看待妳。心儀越久、她也越在意他一舉手一投手間所隱藏著的意義。二人相處時，他對妳採取什麼樣的態度？近年來有些什麼改變？這兩個問題，有助於妳了解他的個性，及對妳的感情到達哪一種程度？那麼，妳的他對於妳的態度，是下列表中的哪一種類型呢？

①流露出對公司、上司的不滿和不平

②想知道妳的過去和經歷

③盡說些他工作方面的事情，或是妳不熟悉的話題
④誇讚別的女性或是刻意強調他有女人緣，倍受女性的青睞
⑤常將情色語言掛在嘴邊
⑥老說別人壞話
⑦說話老是提及他的母親
⑧口頭上總以他父親的種種感覺自豪
⑨從不要求性接觸
⑩經常說：「如果結了婚的話……」
⑪變得喜歡要求妳做這個、做那個，或是指責妳的不是
⑫死皮賴臉要妳送禮物給他
⑬對算命、占卜興趣過頭了
⑭凡事總會找好藉口

1．商場競爭，最忌諱向對手示弱。他對妳傾訴心中對公司、上司的不滿、不平，可說是他以心相許的證明。可是，交情不深，卻突然對妳大吐苦

水，這樣的男人仍不脫嬌生慣養，承受不了壓力的性格，尤其是他不要求妳的回應，純粹把發牢騷當作是整理情緒的一種手段。交往已久的男性，內心常有跟妳談話的念頭，這也是他把妳當作伴侶的另一個重要的證據。

2．妳可能會認爲這類男性「過分在乎別人的過去，簡直不像男人！」事實上，這種男人多半思想保守，佔有欲強烈，故對喜歡的女性，不單希望能掌握她的現在，連她的過去，也渴望能一併了解。總之，這代表跟妳有進一步的交往。妳率直的回答，增強他的安全感和對妳的好感，妳們之間的交往更形順利。不過，需要注意的是他若問妳一些不愉快的問題，可能是想藉過去種種爲由，停止交往的訊號。

3．男性剛開始和女性交往，多半會配合女方說話的步調，或是以女方熟悉的知識領域做談話題素材，爲的是想經由找出與女方的共通點，縮短彼此的心理距離。若是他超過此種界限，盡聊些他工作上的

事情，或是說些妳不熟悉的話題，意味著他想把妳們之間現在的關係，提升到另一個層次。他或許未曾注意到這些，實實在在的自我對他而言，更是一種魅力。

4・在他刻意強調自己有女人緣，倍受女性青睞的另一面，往往是想試探妳對他關心的程度，希望經由談別的女性，引起妳的嫉妒，了解妳的確對他抱有好感。只因他不清楚妳對他喜歡到什麼程度，內心不安。基本上，這類型男人的性格大多缺乏自信心。

5・對男性而言，黃色笑話本來只是在同性之間說說，當作彼此溝通的一種手段。然而，對異性談「有顏色的話題」，意義就不同了——男性的黃色笑話，只會給妳「好那個」、「在動妳歪腦筋」的印象。事實上，心理學一般也認爲說黃色笑話是性欲無法滿足時的一種補償行爲。但是，一個性格開放、不拘小節的男性對妳有這樣的舉動，與其說是對妳起了「性」方面的念頭，

不如說他把妳當作是「哥兒們」。若是原本「性致勃勃」，卻突然不再如此，這可能就是他開始覺得妳不再只是普通朋友的訊號了。

6．可說是自卑感強的男性。說別人壞話，只是為了不讓妳認清他的缺點和弱點的一種心理表現。例如他說：「那傢伙很吝嗇」，則他可能正處於經濟拮据的狀態下；工作不順心、如意時，總認為別人「善於逢迎」，或許是他轉移挫折感的方式。總之，一個男人說人壞話，既是自卑感的投射作用，也是希望妳能更加重視他的心理反應。

7．一個人說話老是提及自己的母親，常讓人聯想到「戀母情結」——指那些精神上遲遲無法擺脫母親的影響而獨立，並接納母親之外的女性，而凡事依賴母親的男性。但這是極端的個案，不能一概而論。

男性通常會不知不覺地拿和自己交往的女性和媽媽做比較，甚至重合，希望能從該女性身上找回昔日由母親處得到的愛心和關心，而這類型的男人對這樣的需求可說是更加強烈。結婚後，由於確認自己的感

情已獲滿足，也就逐漸不再將母親的話掛在嘴邊。

8・一般而言，女性較喜歡談及自己的父親，男性若是口頭上常以父親的種種而自豪，則心理學上認爲此一男性具有「權威性格」的傾向。幼年時承受父親嚴格的管教，心中除對父親懷抱恐懼與敵意外，父親也漸漸樹立起其絕對存在的地位。結果，自己的言行也成了父親言行的投影。把女方當作家人而非外人，述說自己的父親時，多半是把自己視同父親，希望家庭能夠以自己爲核心。這種類型的男人在工作上常會服從上司，卻對部屬或女性趾高氣揚，任意使喚，認定「女人就是不行」，輕視女性。

9・「交往這麼久了，也曉得他的爲人如何。可是，他爲什麼從不要求親熱？」雖然妳想了又想，考慮了許多理由，然而，最主要的原因可能是他的戀愛經驗不足，找不到適當的表達機會，或甚至是不知如何表達他的念頭。另外，也可能是擔心妳不再喜歡他，而不敢說出口。

這類型的男人無法從觀念上掌握女性，常只因女方未有任何反應而停止交往，約會時女方爽約，也會讓他們有「被出賣」的感覺，故宜由女方採取主動。

10．訂婚之後，男方時常會向對方述說結婚後的具體生活設計，若是盡談一些近乎夢想的話題，可推斷此一男性對生活現狀不滿，充滿挫折感卻又無力改善。雖然「羅曼蒂克」，但從另一個角度看，則顯示他厭惡帶有現實生活意味的話題，渴望逃入「夢」一般盡如己意的世界。「現實的殘酷」、「毫無可能實現的希望」，加上「和眼前女性的交往」，三種因素合而爲一，使得他在異性面前說些如夢似幻的話，想藉以消解對現實的不滿。

11．常聽女性抱怨男友對她的態度大不如前：「剛開始交往時那麼溫柔體貼，最近卻老是批評人家這個不對，那個不好，是不是不再喜歡我了？」事實上，男女相處，男方如果突然有了上述的態度轉變，與其說是變了心，還不如說是男性對女性的另一種交往方式。

人們常對生活周遭視而不見，自然地交往越久，逐漸地也就不再那樣客氣和體貼。男性如此，女性亦同。妳不是也曾毫不客氣地指出男友的缺點，常希望他能爲妳做這個、做那個的？在外人面前指責女方，可說是男性開始對女性感覺更加親密的狀態。此時，不去在意或是徹底地與男方溝通，都能，都能讓妳更加貼近他的心。

12・耶誕節快到了，「今年想要妳親手做的△△當禮物。」一般說來，若是女性做如此要求，可以視爲尋求更親密交往關係的一種方式，但就男性的心理而言，無疑地表示「交往歸交往，結婚歸結婚」。要求禮物等生活上的要求，意義上截然不同。男方要求女性「幫忙整理自己的房間」，或是「幫忙做飯」，代表他願意毫不保留地將自己的生活呈現在女方的面前，心中渴望把女性導引進自己的內在世界。前者的要求意味著——「交往與結婚是兩碼子事」，後者則是關係更加親密的訊號。

13・女人喜歡算命到被戲稱爲「算命是女人的專利」這樣的程度，一般認爲這和女性意識常受外在因素左右，容易接受暗示，有「被暗示傾向」有關。而這也就是這麼多男性基於「現在流行算命，不懂一點算命的事，無法和女性交談」的理由，努力鑽研「算命術」的幕後原因。然而，對算命、占卜興趣過頭，凡事「卜而行」的男人中，也許是無法自己做判斷、起而行的人，甚至於可以說是「缺乏責任感」的空談家。因爲他們凡事依賴，失敗了也想將失敗的原因歸咎於他人。觀察男方對於算命的關心、在意，和在意的時間長短，是和這類型男人交往的訣竅。

14・這類型的男人和(13)類的男人相似，多屬缺乏自信，無責任感的人，另外，他們也有擔心犯錯而爲人猜疑之神經質的一面。

異性的對方到底是哪一方面吸引你？

——縮短心理距離的「能言善道心理術」

「性的吸引力」是異性相吸的要素之一，身體、外貌、姿態、聲音，甚至周遭環境的氣氛，往往都是構成「性的吸引力」的條件。

然而，人們並無法自知是否具備「性的吸引力」，一旦知道，必能增加自己在對方心中印象的分量。那麼，女性在什麼時候、什麼情境下，能夠感受到男性的「性的吸引力」？

一般說來，女性的性感帶分布於感覺器官集中的一帶，而平常未被衣服遮蓋住的性感帶，就是「耳朵」。於女性的耳邊輕聲細語，激起性的感受的同時，亦能提高她對身旁的男性的親近感。

另外，女性也會爲別人「只說給她一人知道」而心喜，凡事低聲私語的事，不問男女，皆能引起她們強烈的關心。

女性與人交談時，又常以男方如何稱呼自己來測度彼此的心理距離，舉例而言，「陳小姐」和「淑芬」兩種稱呼方式，當然以後者較能縮短彼此的心理距離。同樣地，「小芬」無疑地又比「淑芬」更讓人有親近感，一個女性提及自己時，若不以「我」這個第一人稱自稱，而叫自己的名字的話，她正試圖縮短和談話對象間的心理距離。同樣地，和女性談話時，不斷重複叫對方的名字，不但可以減輕她的警戒心，甚至還能使她對你產生信賴感。醫生們相信看病時若能起碼叫病患的名字三次，必能提高患者的信任程度，道理即在於此。

——多數女性受談吐風度吸引，而非談話內容

女性看人，多半會比男性更注重人物的整體印象，此一感覺傾向稱爲「相貌的知覺」。例如在男性之間因政策關係，風評不佳的政治人物，若是透過電視畫面好好展現其個人風采，常蔚爲話題，聲望大增。男性說話時，談吐風度往往比說話內容更能吸引女性。即使這些話題全然引不起女性的興趣，但那種熱心、完全投入的說話態度，仍會使她對你的看法爲之一變，感

受到你的魅力。

平日拙於言辭，在公司評價不佳的男性，與其爲了在女同事面前勉強自己談笑風生，不如選擇誠懇的說話態度，要來得聰明些。後者應能使女性感覺你是個表裡如一的正人君子，親切感隨即油然而生。

——選擇約會場所鐵則——「由寬到窄」

女性保護自己的本能極強，一旦身處寬闊的場所，陌生人的眼光常使她們忐忑不安、心神不定。結果，注意力無法集中，眼前男性和他說的話彷彿一陣風吹過，激不起她心中的一絲漣漪。故約會時，應選擇較狡小的場所，使女方警戒心降低，不因周遭環境而分心。相會的地點由寬闊到狹小，效果往往更好——女性隨著空間的逐漸變小，開始覺得有如置身於密室一般安心，更能對男性懷有一體感和親近感。

女性看事情和人物的角度，以整體而抽象者居多，故對眼前對象的評價，常受周遭氣氛所左右。例如，約會時選擇清爽的場所，女方會覺得你爲人俐落爽快；若是約會裝飾著現代藝術作品，女方會認爲你重品味，對你的印象更佳。總之，事先探知她的嗜好、興趣，再挑選氣氛合宜的場合相會，必能提高女方的滿足感。而氣氛高雅的場所又常讓女性有性的聯想，在女方眼中的「他」，自然而然地成了「性吸引力」強的男性。

——女人最相信觸感，所以……？

聽覺、視覺等所謂的「五種感覺」中，女性最擅長且最信賴的，說實在的是「觸感」。在百貨公司購物，男性只憑物品的外觀，來判斷物品的好壞；女性

則是先拿在手上摸一摸才評定好壞。這種行爲差異，正足以說明女人生來即具有注重觸感的本能——經由觸覺決定自己情感的走向。女性喜歡挽著男性的手臂、接觸對方的手，這正是對該男性有好感的明證。

在女性肩上、手臂或背上輕輕一碰的感覺，將傳達至大腦皮質的性欲中樞，激起性的聯想，越是料想未及（好像被偷襲一般），刺激越大，眼中的男性當然也就越具魅力。

心理學趣味派 8

《心理的自我設限》

你是否畫地自限？迷失本性？

問　你和友人在某家餐廳相會，一對男女走了進來。友人告訴你那兩個男女剛結婚不久。你再問，朋友卻告訴你男的並非她的丈夫。

奇怪，這到底是怎麼一回事呢？

答 一點也不奇怪。一對不一定指的是夫婦，而這對男女分別剛和其他的異性結婚。所以覺得奇怪，是因為你一聽到「一對」就聯想到「結婚」，一開始就認定兩人是夫妻。我們常常畫地自限、預設立場，使得問題變得更難解決。很多問題你無法解決，多半是因為你自己「暗示」自己某些條件，受制於這些條件的緣故。

第五章

你的喜好到底是什麼？

——不經意的行爲細節中，可以看出一個人的「個性」！

在《小酒館》之內

——兩人單獨相處時，由小動作觀察對方的眞性情

你和友人來到一家小酒館，酒館裡沿著吧檯，擺了些高腳椅。

你問朋友：「坐哪？」你的朋友會選哪張椅子坐下呢？事實上，我們可以從某個人選擇什麼樣的座位，看出他所隱藏的個性，和社交手腕的好壞。（如下圖）

選擇椅子①的人

對人、事、物好惡情緒變化極大、「情緒化型」的人物。他們往往視自己情緒好壞，改變待人接物的態度，憑第一印象決定喜好與否。直覺敏銳，不為某件事而沈迷是他們的長處。

選擇椅子②的人

是凡事能與人協調並進的「調和型」的人物。從另一個角度而言，這種易於妥協的性格，使得他們欠缺主見，凡事被動。但是，若能得到好事業夥伴或上司相助，相信必定也會有好的結果。

選擇椅子③的人

坐到吧檯中央、酒保面前易於點酒的位子的人，是典型的「老闆型」的人物。他們社交手腕高超，人際關係良好，樂於助人，多屬團體中的領導者。討厭接受別人的命令乃是這類型的人的特徵。

選擇椅子④的人

挑角落位置坐的人，不耐獨處，個性屬「不甘寂寞型」。他們話題豐富，能言善道，即使是初次見面的人，也能相處融洽。心中有話，不吐不快，故言多必失，常常無法守住別人的祕密。

選擇椅子⑤的人

討厭拘束，獨來獨往的「我行我素型」。挑這種座位坐時，多半處於強烈的「自我封閉」狀態。經常往這類位子坐的人，多半欠缺協調能力。

《酒、淚、男、女》

——由醉態看出一個人的希求

每個人的醉態不同，十人十樣，有豪邁奔放的、有一醉就哭的、有抓著麥克風不放的，顯現出人間百態。酒醉時，一個人的本性會顯露在表情和行動上，了解到這一點，就能了解酒席間潛在的人性。那麼，你交往的人，他的酒醉樣子是屬於哪一種呢？

Ⓐ話變多，關懷大笑。
Ⓑ變得沈默寡言，態度消沈。
Ⓒ到處走動，不肯老是待在同一個座位上。
Ⓓ興高采烈地唱起卡拉OK。
Ⓔ馬上與人吵起架來，到處找碴。
Ⓕ喜歡觸摸別人的身體。
Ⓖ和平常一樣，態度不變。
Ⓗ一醉就哭。

Ⓐ↓本性正直，凡事一板一眼的性格。一般說來算是社會信用高的人。工作或人際關係面臨極大壓力時，往往藉酒精解除緊張感，話也變得較多。對人很有禮貌，人際關係上，尤其是與異性的交往方面，不會

給自己找麻煩。

Ⓑ→精神上不安定的性格，或是心中有所顧慮。特別是平素屬於行動派，話又多的人，一旦喝了酒反而變得沈默、鬱鬱寡歡，多半是心理上亮起紅燈的徵兆。因為，平日主動的一面，經常抱著不安的情緒。這種不安的情緒與日俱增，導致他們三緘其口，不願說話。

Ⓒ→欲望無法滿足，自卑感強烈，討厭被定型的反抗性格。因為酒精作用，使得他們強烈希望由較狹窄的地方，移至較廣闊的空間。加上自卑感作祟，無法坐在同一個人的旁邊。

Ⓓ→社交手腕高超，無論是私生活或工作上，人際關係良好的類型。樂於助人，協調性佳，工作和私生活適應良好，勇於接受挑戰。

Ⓔ→醉了就想找人吵架的人，多半可視為精力旺盛的行動派。他們即使吵得再兇，酒醉清醒過後多半也忘得一乾二淨。若別人指摘，他們也只是一個勁地賠不是。雖然讓人感覺有如「瞬間沸騰熱水壺」，但可以放心的是，平素與人交往，他們絕不會動不動就訴諸暴力。平日裡和和氣氣，酒醉卻粗暴得嚇人，也是屬於這一類型。

Ⓕ↓性欲方面強烈地感覺無法滿足，心理上渴望逃避現狀。通常觸摸異性的身體，即表示對該異性抱有好感，但酒醉時，同樣的動作，卻有著不同的意義：這類舉動常見於性能力衰退，與自己需求有所差距，性欲無法得到滿足的個案。工作不順心，生活充滿壓力的狀態，也可以做相同的解釋。

Ⓖ↓喝酒時量力而爲，不會喝得爛醉如泥的人（原本酒量就好的人例外），態度理性，不願引爭端，與人發生爭執。從另外一個角度來看，這也表示他們過分小心提防暴露出自己的缺點。或許酒醉會帶給他們痛苦的經驗。

Ⓗ↓喝醉了就哭的人，在男性多半是性需求非常強烈；而女性則屬情緒化、性格浪漫。「不甘寂寞」的人，大多是屬於這一類型的人。

《女人與化粧》

——時裝模特兒化粧，爲何總是以眼部爲重點？

女性或多或少都有化粧的經驗或習慣。所謂「女爲悅己者容」，女性化粧不外乎想使自己看起來更漂亮，引起男性的注目。事實上，從化粧也可以看出女性個性的另一面。

如果妳是女性，化粧時妳對哪一部位會特別注意：①眼睛，②眉毛，③嘴唇，④臉部整體肌膚，⑤手和手指甲？

回答①眼睛的人

一般而言，做眼部化粧是突顯年輕與美麗的意識烈作用下的表現。與其說是爲了表現性感，不如說是追求知性美。另外，自我意識強，渴望成爲衆人注目焦點的欲望，使得他們無時無刻不想吸引別人的注意力。演藝人員、模特兒等注重眼部化粧的原因就在這裡。

回答②眉毛的人

年輕女性刻意修飾眉毛和①一樣，爲的是要突顯出自己的青春美麗，對自己的年輕貌美抱持相當大的自信。就中年女性而言，強調眉的化粧，正表示她們精神上的衰老，因爲大家常常認爲女性臉上最快老化的就是眼部。眼部重點式的化粧乃出於掩飾眼部周邊的心理作用，含有留住男性注意力的意味在內，絕不同於年輕女性的心態。

回答③嘴唇的人

花在嘴唇化粧的時間長和性的成熟度之間，有極大的關聯。刻意修飾唇形的女性，多半對性愛抱持積極的態度，少女情竇初開常以塗口紅作爲成年禮的原因亦即在此，而單身女性比已婚女性更重視

唇部化粧，也是同樣的道理。

回答④臉部整體肌膚的人

在臉上敷上冷霜之類的化粧品、注重臉部肌膚保養的女性，樸質無華，個性內向、保守，不太注重流行，道德意識較強。

回答⑤手和手指甲的人

自我表現欲強的女性。尤其是那些小心翼翼，給指甲上指甲油的人，物欲強，個性較爲歇斯底里！

《感覺型？還是理論家型？》

——現代女性尋找的是哪一類型？

年輕女性私底下對男性同事似乎都有一些批評。大體而言，她們多半是喜歡憑感覺行事的人，對於那些好講道理、喜怒不形於色的人，往往避而遠之。你認爲自己是屬於前者？還是後者？以下是一張核對表，請你依自己的情形回答「○」或「×」。

①（　）買彩券又不會中獎，眞是傻蛋一個。
②（　）開始做某種運動前，會先買些入門書籍回來閱讀。
③（　）常爲芝麻小事而大動肝火。
④（　）因爲不合自己的個性，儘量避免說一些不著邊際的話。
⑤（　）對自己的未來有著清楚的遠景，平時努力實踐，以求達成。
⑥（　）人生中不容許有失敗，討厭浪費時間。
⑦（　）與人爭論時，會不知不覺激動地拉開嗓門。
⑧（　）在外進食注重營養的均衡攝取。
⑨（　）在自己的專業領域裡不願輸給別人。
⑩（　）買相機之類的物品前，先蒐集目錄，並比較性能。
⑪（　）常常輕率地責備別人，而事後反悔不已！
⑫（　）拿到年終獎金，先仔細盤算一番才花用。

⑬（　）看到報紙或雜誌上有值得參考的報導，會做筆記或剪貼下來。
⑭（　）上西餐廳不會固定點某種飲料，完全視當時心情而定。
⑮（　）一旦入迷，會前後判若兩人地全心投入。
⑯（　）認為服飾流行的基本在於整體搭配。
⑰（　）博覽群書，不偏限於自己所學的專門領域。
⑱（　）時常對自己的行為感覺納悶。
⑲（　）好奇心強，凡是新的事物總想去看看或了解。
⑳（　）自認為性格極端，情緒時好時壞。
㉑（　）看電視連續劇不會錯過任何一集。
㉒（　）出發旅行前，預先查對交通工具時刻表。
㉓（　）感冒藥之類成藥使用說明書，隨手放置，不會仔細閱讀。
㉔（　）與人相約，對方若是遲到，通常你會再等一段時候，可如果對方還是沒來，你才自行離去。
㉕（　）喝酒不用酒杯，會覺得不是味道。

將你的答案和下列的正確答案表相對照，答案相同的給2分，不相同的給0分。分數總加後，相信就能看出你屬「理論家型」還是「感覺型」了。

《正確答案表》

①〇②〇③×④〇⑤〇⑥〇⑦×⑧〇⑨〇⑩〇⑪×⑫〇⑬〇⑭×⑮×
⑯〇⑰×⑱×⑲×⑳×㉑〇㉒〇㉓×㉔〇㉕×

《說明》

▼50～40分——理性至上型，過於講理，讓人有喘不過氣的感覺。

▼39～15分——中庸型。

▼14分以下——感覺型，重視直覺，凡事喜歡訴諸感性。

《內心深處的色彩世界》

——今天你打什麼顏色領帶？妳穿什麼顏色裙子？

人們在日常生活裡，出人意料地，經常有選擇顏色的機會，例如：該穿什麼顏色的皮鞋、裙子？打什麼顏色的領帶？自我性格有意無意地影響人們對色彩的好惡，使得人們在某一特定時間、場合，偏好或討厭某種顏色；這意味著我們可以從某個喜好的色彩，對他（她）的性格做出某種程度的推論。接下來，請你或你想了解的對象，從紅、藍、綠、黃、紫、褐、灰、黑等八種顏色中，選出最喜歡的色彩。如此，將有將助於你或他（她），認識自我性格的基本特徵。

紅　個性積極，精力旺盛，盡一切可能達成自己願望的人物類型。由於個性直率，成功欲望強烈，常使得你們完全投入活動之中。此時，你對事物的看法、判斷，迅速明快；但是，從另一種角度而言，容易流於「朝令夕改」，可說是勇往直前，視冒險爲樂事的外向型性格。無法忍受任何形式的「無聊」，常將這些死板、無趣的事物，當作活動進行的跳板，這也就是爲什麼別人眼中的你，「喜怒無常」、「缺乏耐心」的原因。

熱心、積極地吸收形形色色的經驗，是你成功的有利條件。然而，你性格裡有一個致命阻礙，影響你的成功與否——受挫時，怨天尤人。如果能好好掌握、加以檢討，必能有助於你打開迎向成功的大門。

藍　渴望平穩、和諧的生活，讓你的性格偏內向，厭惡不和與吵嘈，言行舉止小心謹慎，要求自己行爲合乎範，故態度沈重穩重，凡事認眞努力，爲人所信賴。

不過，會怕生的也多半是這一型的人，原因是不熟的人與你的生活周遭格格不入，易起爭端。總之，爲人誠懇實在，從別人的角度而言，實在是值得交往的益友，這點既是優點，也是缺點——從你自己的立場而言，即使有不滿，也會忍氣吞聲的個性，往往讓你權益受損（即使你自己也不覺得如此）。

綠有耐性，凡事一著手必堅持至完成爲止。重視安定，對社交禮儀特別敏感，於沒有偏見，個性寬厚的文明人類型，同時也是體貼而忠實的朋友、戀人或配偶。

對於接納新事物有些許的抗拒反應，與其說是個性保守使然，不如說是你習慣做些別人期望的、有具體外觀的事情。講得難聽些，或許你就是那種「等候指示」的人也說不定。因此，你成功的祕訣恐怕在於將自己置身於一流的環境、一流的人群之中，你的「均衡性」會使你適應這一切狀況。另外值得注

意的是，你有強烈要別人對你好、尊敬你的傾向。

黃

黃色代表新鮮的事物、現代性和未來，你可說是極富想像力的知性理想主義者，雖然你實際上相當害羞。這種個性上的矛盾，讓你態度曖昧不定，容易給人「自命不凡」的錯覺，招致孤立。即使如此，你並不以孤獨爲苦，只因你追求理想至極，完全陶醉於自我幻想的世界裡。又因爲你追求理想，或多或少有空談理論而無具體行動的冒失傾向（雖然這些理論，都是你經過深思熟慮而得來的）。

紫

一般公認具有藝術才能的類型，事實上你也自認爲如此——你常自認爲「我和別人不同。」因此，你比別人更注意外表打扮，嗜好也多半是古典音樂、高爾夫之類的高消費運動。

你的藝術才能得自於敏銳的感受性和觀察力，

而你也常由炫耀這些創造力和權威得到快感。正因爲你自視甚高，虛榮心強，應該小心避免在自己虛榮心受到傷害時，變得歇斯底里。心胸寬大能使你更容易與人相處愉快。

褐 冷靜而捨己爲人的類型。重視人情，不會逃避責任，給人「可以信賴，責任感強」的印象，而容不下任何輕浮舉動的性格，卻也使你招致「有潔癖、吹毛求疵」的風評。

應該注意的是有人會利用你的「捨己爲人」，雖然你也許會因此而變得意志消沈，但千萬不要從此不再信任人。至於職業方面，由於你有管理自己和別人財物的能力，不妨朝這一個方向去努力。另外，重視家庭和親人的人，多半也是屬於你們這一類型的人。

灰 此一類型的人，多半想把自己從喧囂的世間隔絕出來，故凡事態度神祕，不好

與人有深切的來往。但這並不意味著你們不擅交際，至少在表面上，仍舊是長袖善舞，八面玲瓏。另外，極端厭惡他人干涉自己的私事，反彈激烈。

一般說來，別人對你的觀感是：成熟穩重，性情溫和。

黑

個性彆扭，反抗心強，不肯聽從別人的指示；即使明知不可行，卻常因別人命令似的態度而心生反感，故意「反其道而行」。

神祕主義的傾向比喜歡灰色的人還要強，不願讓人看到自己眞正的個性與感情，而處處表現得十分世故。因此，外在表現給人充滿機智、反應敏捷的印象。容易流於獨斷獨行也是缺點之一

然而，選擇黑色爲最喜愛顏色的人，通常不會長久地保持這種偏好——黑色往往是那些對環境非常不滿的人，才會選擇的顏色。

有趣的色彩心理學

——由顏色看人心靈深處的壓抑和不安——
青春期的青少年偏好什麼顏色？

如果說我們可以由「喜好的顏色」，了解自己的基本性格和行爲模式，那麼色彩心理學方面，又如何看待「討厭的顏色」呢？答案是說：「討厭的色彩是內心不安的主要原因」學者們相信一個人討厭某種顏色，正代表個性上受到壓抑和不安的原因。那麼，不妨就以你（或你想了解之對象）的情形，予以印證。

《挫折感．顏色對照表》

紅表示自己十分努力、辛苦之餘卻無人回報的挫折感與無力感；因周遭的攻擊而感受威脅，苦惱的是它找不到可以突破的缺口。

藍 覺得自己身處不幸的環境，雖然想要改變這種狀況，卻苦於無法下定決心。十分憧憬另一種的生活方式。

綠 對周遭的人抱持反感，認爲自己能力過人，卻因生活周遭人們的緣故而得不到承認。現在的你頗爲孤獨。

黃 顯示現在的你是個悲觀論者，失望之餘變得只重視現實，態度頑固，不願爲「夢想和希望」所惑。

紫 重視率直和誠實，打心眼裡排斥做表面工夫的事物，故現在的你是沈默而孤獨的。

褐 想要凸顯個人身分，引人注目，換言之，目前處於渴望他人認同的狀態，強烈排斥優柔寡斷的人。

灰 代表「無聊」。現在的你（或對方）厭倦單調的生活，渴望尋找刺激；不幸的是，自己也不清楚要找的是哪一種的刺激。挫折感讓你有流行玩世不恭之虞。

黑 現在的你（或對方），除了自己所想的事情外，凡事大概都抱持著抗拒的態度，強烈地反抗想要限制或支配你的行動的人，給予周遭的人的印象正是——「你不惹他，他不犯你」。

一般而言，你（或對方）的基本個性或不自覺的性格，是可以從「喜好的顏色」、「厭惡的顏色」中，略知一、二。然而，在此必須事先言明：人對顏色的好惡，會隨時間的不同而產生變化。例如：幼小的孩子傾向於喜好接近原色且明亮的色彩；青春期的青少年，情緒不安加上思春期特有煩惱，對紫色往往情有獨鍾，「叛逆」的高中生使用的髮網多屬紫色系，和此點並非沒有關係。成熟之後，人們往往偏好寒色系及帶點白色的色彩。

情緒也會影響一個人對色彩的偏好傾向——情緒低落、經濟困頓，多半會使人傾向於選擇寒色系而非暖色系；相反地，情緒愉悅、感覺幸福、埋首其中時，人們則傾向於選擇暖色系，「大家向著落日大步邁進！」這樣充滿青春活力的戲劇台詞，正是此種心境的最佳寫照。

總之，色彩往往反映出人的個性，希望讀者能夠妥善地運用。

心理學趣味派 9

何謂魅力？
人們為什麼有所感覺？
對什麼感到興趣？

看到Ⓐ Ⓑ兩圖，你感覺哪個圖中的女性比較具有魅力？多數男性受測者往往一面倒地回答Ⓐ，認為Ⓐ圖中的女性比較具有魅力。

根據美國心理學家赫斯的實驗結果，發現我們可以由某個人瞳孔大小，了解他對某事的關心程度和興趣多寡。在同樣亮度房間裡，看見自己感興趣的東西時，瞳孔通常會比平常多睜開二、三成。相對的，如果見到的是討厭的東西，瞳孔反而縮得比平常還小。

我們甚至可以說：女性所以嬌美、可人，「美目盼兮」的功勞最大。Ⓐ圖和Ⓑ圖雖然畫的是同一個女人，卻由於瞳孔較大，而迷倒眾多的男性。

第六章

心理盲點——鬼迷心竅，所爲何來？

「黃金分割」的心理學解釋

——由「拾穗」，談「美」的條件

或許喜歡米開朗基羅、達文西畫作的人，與自己畫畫的人都不曾注意，使人們覺得安詳，有股說不出的美感的繪畫，「黃金比率」的的確確是一比〇・六。當然，與其說米開朗基羅、達文西一開始就知道依據這種比率作畫，不如說是畫本身就呈這樣比率來得眞實些。人類大概天生就以黃金比率爲美感標準，此種不可思議的比率所劃分的，就是所謂的「黃金分割」。

米勒的名畫「拾穗」，描繪出彎著腰、低頭默默工作的女性身影，畫中三個女性，恰如其分地，包容在一比〇・六的長方形畫布上。黃金比率廣泛地應用於日常生活中，國旗、明信片、名片，和展示品等，都可以見到它的影響。

數字心理學

——「九點五十分集合」和「十點集合」，何者較爲有效？

你知道數字有所謂的「尾數效果」嗎？八點五分或十點十五分比起八點整或十點整，更能使聽者感受時間限制而守時。這又如何呢？

聽到「十點集合」，人們往往會想：「晚到個十分鐘不會怎樣吧！」人心如此，似乎成了默契，最後大家都以爲只要在十點十分前到十五分之間集合即可。若是善加利用此種心理學上所稱的「尾數效果」，把集合時間改爲「九點五十分準時集合」，你也能成爲一名傑出的會場指揮。

幾何級數的心理學

——發明西洋棋的人，精明處在此！

從前有個名叫錫拉的印度王子在宮中設宴，招待發明西洋棋的學者西達。王子高興地說：「西達，你發明的遊戲很棒，我想賜給你一些獎賞。說說看你喜歡些什麼？」

於是，西達回答說：「王子殿下，西洋棋盤上有64個格子，在一個格子上放一粒玉米，接下來第二個格子放二粒玉米，第三個格上放四粒玉米，以此類推，每個後來的格子要有前一個格子兩倍的玉米。請賜給屬下足以塡滿這些格子的玉米。」

王子原來要賞些金幣給西達，心想：「這個人的欲望可眞小啊！」

然而，幾天之後，宮中的數學家急忙稟告王子：「王子殿下，臣等仔細核算西達所要的玉米數量，發覺數目大到全國穀倉都容納不下的地步。我們認爲地球上沒有這麼多的玉米。」

王子聞言，詢問到底有多大數量——依照順序，棋盤上每格玉米數量分別是1、2、4、8、16、32……2的63次方，果真讓人吃驚，就算能徵收這麼多的玉米，恐怕也找不到地方可放。這就是幾何級數駭人之處。

在古籍中有本《塵劫記》（西元一六三一年）有個記載如下：一月時，一對老鼠生了12隻小老鼠，合計共有14隻老鼠。二月時，小老鼠長大，每對各生了12隻小老鼠，而來的那對大老鼠也生了12隻小老鼠，祖孫三代總計共有98隻。像這樣，假設每個月上下四代老鼠各生下12隻小老鼠，則一年之內，老鼠數目將高達276億8257萬零4402隻。

制服的心理學觀點

——制服甚至改變人的個性與心理！

某個國家的公務員表示：「穿便服時往往在酒吧喝得酩酊大醉；穿了制服卻不會再有這樣的興致了。」

制服與人的心理之間，關係竟是如此有趣。

心理學家曾做過實驗，受試的60名女學生，先後穿著類似三K黨徒所穿的長袍和護士制服。衆所皆知，三K黨是以舉行「祕密儀式」而惡名昭彰的，女學生穿上類似該組織長袍後，行動即變得殘酷，會按電流強的按鈕做電擊實驗；而穿上護士制服後的女學生，果眞如所謂的「白衣天使」一般，只會按電流較弱的按鈕。

我們常聽到「她穿制服的樣子很好看」，或「他穿制服好帥」之類的稱讚，制服的確有讓人爲之耳目一新的效果，穿的人也會有符合所穿著制服的舉止，此種現象，稱之爲「制服效果」。

另外，酒店的經營者，也會以「制服店」招來男性客人，亦即要上班女郎穿上空姐、護士、女學生、Show girl 的各種打扮，以期來滿足客人的制服癖好。

服裝的心理學

一展所長的穿著——服裝決定人的心情

平常不怎麼起眼的人，一旦穿上警官制服，眼神隨之變得銳利，行動也俐落起來，同樣的現象亦可在空中小姐、護士身上發現。穿上制服照理而言——是讓人得以發揮自己的本領；可從另一種角度來看，制服對於此人而言，更是得以安心工作的表示。此時人的心理並非心情決定服裝穿著，而是——「服裝影響情緒」。

我們時常想以安定的情緒處理事情，特別是在交涉場合，輕鬆自若的臨場態度，往往比舉止緊張更能予人良好的印象，更容易進行交涉。因此，不妨利用平日穿慣的、中意的服裝，例如：打上一條自己喜歡的領帶（女性則是項鍊），會使你覺得安心、自在，得以平心靜氣與人交涉，主動掌握對話的進度。同樣地，不只是領帶，自己愛用的手帕等小配件和內衣、鞋子，都具有同樣的功效。

由設計師名牌服飾看人的心理

——使衆人自我意識過剩的「不適當穿著」

設計師名牌指的是由某一特定設計師、設計團體所設計，有著明顯流行特徵的服裝、飾品。這類商品如在百貨公司等賣場舉行特賣，往往吸引許多年輕消費者大排長龍，轉眼之間即銷售一空；不僅青年人如此，最近連三、四十歲的男性消費群，也在急速增加中。這些蜂擁而至的人，難道都開始對流行產生興趣了嗎？

男女交往，若是女方穿著品味高雅，而男方卻一副土裏土氣的模樣，顯得非常不搭調。男性爲求得這類女性垂青，自然會努力改善自己的穿著，以求匹配，這點在心理學上亦表同意，感情如膠似漆的情侶穿著情侶裝，就是常見的例子——穿上與對方一樣的服裝，取得協調，行動逐漸一致。自己在團體旅遊時穿著與其他成員不同，總會覺得彼此有些疏遠而且十分尷尬，這種實例，正足以說明服裝產生的心理同步化現象。那麼，此種「服裝心理學」在商場上的應用效果又如何呢？

拜訪商業往來公司時，留意該公司人員的穿著方式，盡可能配合他們。一般說來，行業性質不同，對服裝的要求也會不同。例如：銀行職員穿著暗色系的西裝、套裝；大衆傳播業則容許從業人員衣著不講究。心理學研究認爲一個人在某種場合卻穿上格格不入的服裝，往往處於「自我意識過剩」狀態，在別人眼裏也顯得「自大、狂妄」，原該順利進行的交涉，終究落得失敗收場。相反地，服裝方面配合對方穿著的態度，反而能使你們心理上取得協調一致，成功達成目的。

不可小看「服裝」這碼事，若能注意到配合、花樣之類的小細節，往往都會有意想不到的效果。

色彩心理學

——看到鬥牛士舞動紅布，興奮的是誰？

在西班牙，鬥牛相當受到人們的歡迎，烈日下成千上萬的觀衆爲之騷動，而鬥牛士舞動紅布時，更是引來一陣又一陣的歡呼聲。

鬥牛乍看之下，似乎是紅布引起牛興奮，然而根據動物學家的說法，牛根本是色盲，紅布在牠們眼中只是塊黑布，布嘩嘩晃動才是惹牛隻生氣的原因；鬥牛士特地選用紅布的目的不在刺激牛，而在引起觀衆亢奮。這類色彩和人的認知印象、行動之關係，屬於色彩心理學的研究領域，最近尤其受到重視，只因人們逐漸了解任何環境下，色彩帶給人的影響都是極爲深遠的。

若將顏色做概括分類，和自然界的現象做一聯想，則紅色代表血和火焰，給人活動的、積極的、興奮的印象；海和草木的顏色是藍色和綠色，讓人感覺沈著自在。這種概略印象，經過詳細調查、多人實驗結果發現，和人們對顏色的感覺幾乎相吻合，亦即：紅色意味著憤怒、嫉妒、興奮、焦急、愛戀和害羞；藍色則象徵自信、永恆、憧憬、理想與優越；深綠色代表未來、夢、理想、憧憬、幻想；綠色隱含理想、自信、鄉愁。

多彩多姿的生活可由有目的，而且善於運用色彩與人的心理關係展開，例如：想要激發旺盛鬥志，幹勁十足地工作，可以使用紅色的窗簾和地毯；欲使焦躁、緊張的情緒平靜下來，置身於安寧氣氛中，可以使用綠色的。至於工具方面，配合自己想要的情緒，分別採用不同的顏色，也能提高工作效率。

總之，隨著周遭環境的色彩改變，人的心理狀態和工作效率也會有所變化，豈能等閒視之。

「信念」的心理學

——心中強烈渴望的，必能到手！

人們常說信念導引人生走向成功，而成功者當中，有許多人的確也抱持著堅定的信念。美國一個名叫格拉德．布里斯特爾的人寫了《信念的魔術》一書，發行之際即在全美引起極廣泛的評論，書中有一段文字轉述如下——

「不管你想要的是金錢、健康乃至事業也罷，任何事物，只要生活中常保熱切的信念，不可思議的事情將會接二連三地發生，最後必能如你所願。

「舉個例子來說，零售商想要生意興隆，店主在顧客上門後即不斷反覆想著：『這個人一定會買』，則店主的心思必然會和顧客相通；加上店主的一番美言和良好的商品擺設，顧客果眞買了，如此一來，銷售額自然增加數倍以上。這就是信念的魔術。」

布里斯特爾表示讀者若有意使用信念的魔術，不妨準備三、四張卡片，坐在安靜的房間內，自問想要什麼，將答案簡潔地寫在卡片上，例如：「提高50%的銷售額」、「構想企劃案」，目標形形色色，務必要將這些卡片貼於桌前顯眼的地方。接下來，另外抄寫一份內容相同的卡片，隨身攜帶。總之，一天24小時，無論是睡覺或醒著，都要在心中描繪這一目標，相信自己就必定能夠做得到。

剛開始看不出明顯的成效，但是時間越久，往往就在意料不到的地方，想出很棒的點子。在床邊放著紙、筆備用，好點子一浮現，馬上記下來，依著點子實踐，必能帶給你想要的事物。而且愈是堅信不移，目標也愈早實現。這是就布斯爾所稱的——「信念的魔術」。

聽起來似乎很玄，但以美國這樣重視物質主義、合理主義的國家，卻仍有人相信乃至於付諸行動，留下成功例子的事實看來，此一觀點豈容輕視。

高爾夫球心理學

「不用在意」——只要這樣想，就不會鎩羽而歸！

人際關係或工作上不愉快甚至失敗的經驗，想必每個人都曾有過，更不用說其他各式各樣的挫敗回憶。束手無策的經驗，不愉快的過去，會使人自我暗示，懷疑是否重蹈覆轍，而留下壞影響。如打高爾夫球出界（ＯＢ），之後再來到同一球洞，就會心神不寧滿懷疑慮：「又來了！上次這樣打，出了界；這次換個方式不知道會怎樣？」、「不行，手腕彎曲不好！」、「……」結果又跟自己擔心的一樣，球桿一揮，還是ＯＢ。

類似經驗並不僅限於打高爾夫球，生活中俯拾皆是——討厭的事和挫敗，越是去想它，越是容易「再來一次」；而且，情況愈重大者，此種傾向愈是明顯。原因在於一開始的失敗叫人失掉自信，進而在緊張的內心深處，強烈地自我暗示——「會不會再次失誤？」

想要擺脫這一惡性循環的夢魘，能將不如意的事完全忘記當然最好，可是不愉快的記憶，豈是那樣容易忘卻得了的。即使勉強自己，這些不愉快、不如意，反倒因爲你想要強迫自己忘記，而在意識裏留下深刻的印象。所以，我們不要想把失敗一事忘得一乾二淨，而要試著將失敗記憶僅限於一小部分。

以高爾夫球爲例，與其記著自己打了OB，不如告訴自己——「這一洞並不會使桿數增加」。也就是說不刻意強調OB這樣大的失誤，讓自己只記得「這件事不用在意」。如此改變記憶的形式，尤其適用於處理令人不快的失敗回憶。一旦你肯告訴自己：「總之，當時眞是不順心」，心情應該也會跟著快活起來。

「丟三落四」的心理學解釋

——找出「丟三落四」的眞正原因——
緊張過後的鬆懈感才是「元凶」！

許多到車站領取遺失物的人，常常在依規定手續填寫資料之後，忘記帶回自己的遺失物，空手而返。「哎呀，總算找到了！」一旦安下心來，緊張感就會消失，其他的重要事物就全都忘記了！

我聽一些推銷員說，他們在簽好重要契約之後，往往漫不經心地留下文件或筆而離去，它是丟三落四的。像這種情形，心理學上的解釋是，人從緊張狀態解脫下來的「放鬆」時刻，最容易遺忘東西。這也就是考場常見人們遺忘東西的原因。越是重要的考試，當時的心理負擔越大，考完後的解脫感也越大；開夜車的讀書方式所以容易忘記，就與考完後的解脫感有著很大的關係。

著名的心理學家多湖輝曾經參加某個電視節目演出，製作單位要求他

「使同台演出者三～五分鐘之內，遺忘東西。」於是，他決定對演出者施以三階段的心理障眼法：

第一階段——拿出印有數學問題的卡片冊，要求受測者每解答一張之後，「一定」要在右下角寫上自己的名字。

第二階段——進入會場之後，主持人會發給每人一張卡片，回去時「一定」要交還。

第三階段——手提包之類的隨身物品，「一定」要依照指示放在桌下的棚架上。

然後，受測者隨著節目主持人的指示時間來做數學題目。也就是說，主持人一喊停，即使本題尚未做完，也要緊接著做下一題，但是每一題的作答時間逐漸增加。

結果，忘記寫名字的人在最初一、二張問題卡之後，比比皆是；半數以上的演出者，都忘記自己放在桌下的東西；而且，幾乎所有的人都忘記要交還卡片。

由此看來，受測的壓力將其他事物逐出腦海，測驗終了之際，「丟三落四」的現象也就同時出現。事實上，在我們日常生活中，經常可以見到類似「事件」發生。像前來接洽生意的人，商談結束時，忘了帶走文件一事，若從上述觀點來看，這個人當時無疑是「相當緊張」的。爲了避免被識破「這傢伙嚇得……」讀者應該有所警覺，辦完要事離去時，千萬別露出馬腳。

動機性遺忘

——忘記失敗與不愉快的心理機制

某家小姐在接近婚禮的前幾天，竟把試穿結婚禮服的時間搞錯了。結果，婚約解除，該小姐也因爲心裏老覺得不舒服，而離家出走。

「人都有一種潛在的欲求，那就是——希望對自己感覺不滿意的事，能盡早從記憶中消失。」

精神心理學稱這種欲求爲「自我投入」（egoinvolvement），多半由人們無意識的行動中顯露出來。

美國心理學家羅森柏格曾做一項實驗，以研究忘卻的原因。首先，他讓受試者解答幾個問題，然後調查他們對問題的記憶情形。結果得知受試者對自己解答完了的問題，抱持成功的滿足感，未能解答的問題則使受測者心中感到失敗、不愉快。也就是受測者普遍記得自己能解答的問題，而自己解答不了的問題，卻希望盡快忘記。

「人們對於自己過去的事——不滿意的事，都想儘量隱藏起來，並且希望它們盡早從自己的腦海中消失。」

最有力的證據，一方有意談論另一方不滿意的話題時，另一方總會若無其事地轉移話題。這就是人們不願碰觸自己不如意、不喜歡事物的心理在作祟。

所以，當你發現跟你談話的人，想要把話題岔開，可能就是他對該話題有心結的徵兆。

心理學趣味派 ⑩

期待與願望——你是「平常人」？或是「有點古怪」？

這邊有Ⓐ～Ⓓ四個完全一模一樣的箱子，箱內各自裝有某件我們不曉得是什麼的物品。如果要你從四個箱子中選出一個來，你會選擇哪一個？不妨仔細地想想。

要某個人選擇外表一樣、內容不同的箱子時，他會有某種奇怪的心理作用。根據心理學家布魯克斯所做的調查結果，發現選擇左右兩端、Ⓐ與Ⓓ兩個箱子的少之又少。90％的男性和80％的女性，會選擇Ⓒ箱子，也就是說，選擇中間、Ⓑ和Ⓒ兩個箱子的人佔絕大多數。

選擇Ⓐ和Ⓓ的人，多半對「兩人世界」的生活抱持

強烈的期待與盼望，討厭普通、常識性的事物，追求個性化的發展。

心理學趣味派⑪

《惡作劇性質的圈套》——

小心！

陷阱就在你安心的地方！

問 下圖中有三個木桶，它們的大小順序爲何？

答 答案揭曉時，或許你會驚訝道：「怎麼會呢？」幾乎所有的心理學書籍都會告訴你三個木桶一樣大小，其中某個看起來較大，是因爲視覺錯覺的緣故。

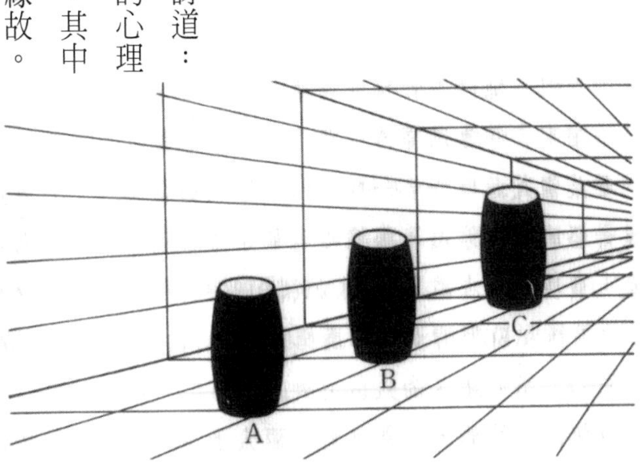

（正確答案是：Ⓐ>Ⓑ>Ⓒ）這也正是我們說這個問題有點作弄人的原因之所在。

事實上，應算是最小的Ⓒ木桶，看起來卻是最大的，錯覺的原因在於背景的房屋形狀，印證了心理學的原則：人的知覺會受經驗累積成的心理基準影響而發生變化，未必能完完全全地接受客觀的事實。

第七章

身體語言的奧祕

——姿勢、動作述說著一個人的心理、情緒

悄悄入住對方內心世界的「動作」訣竅

「身體領域」——切勿侵犯對方的領域

動物皆有誇示自我領域的意圖，常見的例子如：狗藉著到處小便，向其他的狗宣示自己領域；香魚有撞擊侵入自己勢力範圍同類身體、予以逐出的習性，人們因此提出以香魚誘餌掛上魚鉤的釣法。美國的動物行為學家海狄格觀察動物的種種行為，歸納出所謂的「距離法則」。

舉例而言，假設有一匹野生的馬，人類試圖接近牠，剛開始懷疑似地盯著人看，等到人接近某一距離，則馬會慌張地想要逃走，此一距離就稱之為「逃走距離」。如果人類越逼越近，而牠又受柵欄阻擋，無法逃跑，會使馬回過頭攻擊人類，因為人進入牠的「攻擊距離」。而成群結隊的馬群中，每匹馬都互相保持距離，稱之為「個體距離」；若當中一匹看似脫離馬群，鳴叫聲和氣味仍和群體保持聯繫，則稱之為「社會距離」。

美國文化人類學家赫爾（Edward T. Hall）根據海狄格的學說，發表「表達空間」說（Proxemics）——Proximity（接近性）一詞衍生而來。此一學說和動物的領域行爲一樣，含有「防衛」、「防禦」的意味在內，而自己所佔有或處於自己支配下的身體地帶，即爲「身體領域」（Body Zone）。

【身體領域】

主動、有意識地開放「身體領域」（body zone）的人，相對地懷有抗拒心理。

——日本心理學家　多湖輝

【取得自白】

問嫌犯口供時，座位應靠近他，彼此之間不宜隔著桌子之類的東西。然後邊問邊將座位往嫌犯處拉近，以最後能將自己的膝蓋抬進嫌犯的膝蓋之間為佳。

——摘自美國警官用教科書

——由距離的取捨方式，了解對方的內在心理！

赫爾進一步將人類的領域行爲，依距離大小、意義的不同，將人與人之間的距離區分爲以下四種：

①親密距離
②個體距離
③社會距離
④公衆距離

親密距離（Intimate Distance）

近（0～15公分）——如字面所示緊密接觸的關係，如：戀人、密友，甚至小孩子纏著父母親或兄姊之間的空間距離，處於相互撫愛、安慰、保護的狀態。

遠（15～45公分）——手可以碰得到對方，而身體不相接觸的距離，如果雙方關係不親密，會下意識地盡可能減少動作，例如：手碰到對方又馬上縮回。對他（她）頗有好感，卻又猶豫再三，不知如何是好。

個體距離（Personal Distance）

近（45～75公分）——自己手腳可以抱住或抓住，儘管如此的距離，可隨自己的喜好與否接近、遠離。雖有好感，卻無特別親密之關係，所謂的「女性朋友」是也！

遠（75～120公分）——彼此伸出手臂，互相用指尖觸摸得到的距離，超過此一距離，即無法輕易用「手碰觸到」，處於「不吵架，好好談談」的心理狀態。

社會距離（Social Distance）

近（120～210公分）——辦公事、非私人事務之距離，常見於上司與下屬之間，複雜事物在此種距離時，較具可行性（與遠者相比）。

遠（210～360公分）——社交場合等講求身分關係情況下常見，能將對方完全納入自己視野範圍的距離。總經理、董事長以及高級幹部使用大型的辦公桌，目的可說是在於確保自己與部屬之間的這種距離。

公眾距離（Public Distance）

近（360～750公分）——人們以抱持領域意識範圍的最大距離，教室裏老師與學生之間的距離屬之。

遠（750公分以上）——可確保人身安全的距離。

以上說明的是由距離大小來看身體領域的意義。對方內心裏如何看待自己，從他（她）與自己之間保持何種距離，即可窺出端倪。

【動作解讀】

1．往正對面的位置坐下來的人，比往旁邊坐的人，更希望讓對方了解自己。

2．往對方身邊坐的人，比挑正對面位置坐下來的人，更有心理上的一體感。

3．一邊往對方身邊坐下，一邊急著扭過身子，看著對方的人，相對抱持懷疑和好奇的態度。

——日本心理學家　多湖輝

——從選擇座位，看人的心理

觀察人的「身體領域」行爲，更簡單的方式是看人們選擇座位的方式。例如，我們觀察電車內部由空蕩蕩到所有座位被佔滿的情況，便會注意到整個過程當中，似乎有某種「法則」。

首先，人們會從一排座椅的兩端入座，因爲最初入座的乘客，都想盡可能地遠離其他人。而接著入座的人坐到哪裏呢？當然是距離座椅兩端最遠，也就是最中間的座位。最後，座位才漸被後來上車的人佔滿。

所謂「法則」並不只是所謂的「佔位法」，一般的人際關係，以及男女關係之間，也適用於這個法則——通常這表示與他人之間沒有親近感或嫌惡感之類的特別心理關係。反過來說，與鄰座的人處於特殊心理狀態的時候，入座的方式則有別於「身體領域」法則。

以上說明了「身體領域」的意義，以及從「身體領域」意識衍生出的精神心理。事實上，男性掌握女性心理，使自己處於有利地位的「祕訣」，也包含在「身體領域」意識裏。然而，不了解「身體領域」的應用之道，仍舊無濟於事。接下來就介紹「身體領域」的三個活用技巧。

【外向的人】

外向的人喜歡坐桌子的正對面或正側面，有向對方接近的傾向。

【內向的人】

內向的人坐桌子的斜前方位置，想與對方保持不論是視覺上或實際上，都要來得較大的距離。

——悄悄接近異性的三種方式

從「身體領域」看潛意識心理，有下列三個要點：

①入座時，對方與你保持什麼樣的〈距離〉？

②對方坐在你的哪個〈方向〉？

③對方坐下時的〈姿勢〉如何？

〈要訣一〉

——故意侵入——以產生親密感爲前提

思考前述各項「距離」的說明，讀者應該可以預見①中的〈距離〉與身體領域有直接的關係。距離除了遠近之外，還有另一層面的意義——對方有意地侵入自己的身體領域。也就是說，跟自己並不親密的人，進入一般認爲屬於身體領域（0～120公分以內）的距離。

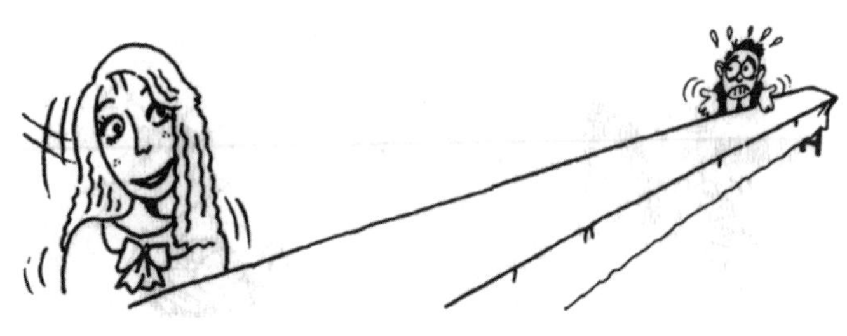

即使如此，仍不能貿然認定——「喔！這個對我有意思」，必須考慮到對方可能有兩種意圖：一是對方想脅迫你，用縮短距離產生壓迫感。另外則是對方打算使你們之間的關係，變得比目前更爲親密。

究竟是哪種意圖，可以由你自己身體的移動方式來判斷。若對方意在脅迫，你的潛意識自動產生防衛作用的結果，會使你挺起胸膛（坐著時），以便恢復你自身的「身體領域」。反之，若是對方想要討好你，你就很少會有這種反應。女性特別擅長巧妙運用侵入身體領域的方式，增加彼此的親密感。

〈要訣二〉

——並肩交談的功效

對方想與你並肩而坐或相對而坐，心理上就有很大的差異。一般說來，

人與人正面相對時，除了相互擁抱、握手的情形之外，並不會侵入對方的身體領域，而保持在對方全身或上半身，大體都能進入自己視野的距離內。

並肩而坐，相對地，往往都是略微緊密地並列著。

面對面坐下，二者之間大多有桌子之類的障礙物，心理距離變得較遠。一方過分靠近時，另一方可能爲了恢復自身的身體領域，挺起胸膛，表現出抗拒的反應。

另外，面對面的雙方，視線必然會相接觸。通常視線的衝突很容易引起彼此心理上的僵持不下，使人不由得擺出架式（當然，情侶間的含情脈脈是屬於例外）。然而，並肩而坐卻能使這種對峙心理消失。更因爲雙方無意識地面對同一方向、同一目標，聯帶感油然而生。即使雙方初次見面，也會有相同的效應。

現在，年輕男女到酒吧時，似乎有喜歡坐吧枱勝於包廂的傾向，多半採取無「警戒意識」，並肩而坐的方式。電影、電視劇裏常見的一幕是女主角爲尋找伴侶，來到單身酒吧。而她選擇的也是吧枱的座位。而她身旁的空位，即彷彿是在暗示男性：「坐到我身旁來吧！」

自動自發坐到你身邊的人，對你有強烈的親近感。換言之，這是他（她）想要確認與你一體的證據。隔著桌子談話的男女，即使狀似親密，多半還不是深交的朋友。雖然二人並肩而坐，話語不比相對而坐著來得多，卻因為感覺一體，而「此時無聲勝有聲」。

〈要訣三〉
——讓人心理不安

坐的〈方向〉的另一個問題點，在於背對房間的入口或是房間內部。人的身體領域，也就是地盤意識，以自己前方最為強烈，身體兩側及後方的領域意識較為緩和。換句話說，人的背後經常是處於無設防狀態，所以常會叫人感覺不安。

那麼，要如何才能解除這種不安的感覺呢？答案很簡單，就是背對房間牆壁，以能直視入口的姿勢坐下。所謂「壓力面試」，就是主考官背對房間內部坐著，而讓應試者背對著門。背對著入口，心理狀態會變得不安定，因此這種面試方式，當然不利於應試者。這時，主考官就可藉由應試者動搖的心理，推測他內心深處的想法。

這是在面試的情況下，無可奈何。其他場合，如果一直無法與對方順利交談，則不妨將自己座位移至門口、背對牆壁。自然而然，你的心情就會沈著下來，談話也會如你所願般地進行下去。

另外，盡挑房間最裏面坐下的人，不是權力慾特別強，就是對周遭感覺不安、或者是神經質的人。

〈要訣四〉
——從坐姿看性格

人站立的時間遠比坐的間還多。或許如此，坐椅子時，大體上也都是以能立刻站起來爲前提。因此大部分的人坐椅子均以淺坐爲多。這種高度緊張、隨時準備下一行動的狀態，心理學上即稱爲高「覺醒水準」。

但是，人們不可能長久處在緊張狀態之下，任何人經過一段時間之後，都必須使自己輕鬆下來。於是「覺醒水準」自然變低，椅子也越坐越深，甚至連腿也伸了出去。在這種情況下，是不可能立刻站起來的。

也就是說，越是向椅子前方輕坐，越表示該人心裏著急，精神不安定、警戒心強。

當你地位比對方還高，比如說是上司與部屬的關係，對方不得不小心翼翼地為你點菸、倒酒，如此當然就不可能坐滿整張椅子。

必須注意的是，一個人不感興趣，或看對方不順眼的時候，也會出現「能立即站起來」的暗示姿勢。

經常只坐椅子前端的人，容易感覺落寞，比一般人來得神經質。相反地，越是把椅子坐滿的人，越是有自信；否則，就是想處於比對方更優越的地位。這種人貫徹自己信念的決心強烈，工作方面，屬於果斷俐落的一型。

一個人輕鬆地坐滿整張椅子，即表示他精神安定，警戒心低。有要事想與人坦誠交談，這種時候就可說是最佳的時機。

〈要訣五〉

——腳底玄機

接著，讓我們來「解讀腳底」吧！

常言道：一個人愛漂亮的程度，看他穿的鞋子即可得知。若在服裝方面不惜花費重金，鞋子卻邋邋遢遢，完全不在乎，則無異是「藏頭露『鞋』」。但是觀察一個人不僅是看他穿什麼鞋子，鞋子裏「腳的動作」，往往也透露著玄機。例如，說話時「老是抖腿」的人，多半內心不安或焦慮。爲什麼？因爲從精神醫學來說，人身體的一部分反覆接受到輕微的刺激，會經由中樞神經傳達到腦神經。結果，便產生了緩和精神緊張的效應。

輕微的刺激何以會顯露在「腳」上呢？

因爲腳，尤其是腳尖，是最不引人注意的地方。非常在意他人眼光的人，心理陷入不安的時候，就會「窮搖腿」來調適緊張情緒。

此外，搖腿同時也意味著抗拒對方。根據美國加州大學的羅勃・索瑪博士的實驗顯示，人的內心受到沒必要的干擾，以及身體領域遭到侵犯，最初的抗拒行爲，就是腳尖咯吱咯吱地踢地板，表示不耐煩、排斥對方。

談話時對方突然搖起腿來，不妨視爲對方開始感覺「無趣」、「無聊」。千萬記得「不斷抖腿」，就是對方「不接受」你的訊號。

〈要訣六〉

——從腿的交叉方式解讀人心

● 張腿而坐——人劈開雙腿，無非是想擴大自己的身體領域，也意味著支配欲和佔有欲十分強烈。

- **合腿而坐**——不在意對方，或是想以輕鬆心情對待人時的動作，常見於討厭受拘束的人身上。
- **雙腿交叉而坐**——個性好勝，自我表現欲強烈，喜歡引人注目。
- **雙腿交叉，右腿放在左腿上**——性格羞怯，不會主動、積極接近異性；對理性、有男子氣概、責任感的人抱有好感。男性與她交談時，與其引導對方，不如配合她的步調，更有利於順利交談。
- **雙腿交叉，左腿放在右腿上**——個性相當積極，自我本位的傾向強，但在異性眼中卻是魅力十足，善於引導。在「冒險家」型的人身上，經常可以看見這種「信號」（姿勢）。
- **腳尖併攏而坐**——如同少女一樣，追求柏拉圖式的愛情，重視精神上的契合甚於肉體的結合。與這種女性交往，待她有如父兄一般，比讓她感覺你的男性魅力，會更爲有效。
- **雙腿之一略向外彎曲**——自尊心強，不願受到傷害。相對地，讚美她的容貌、儀態或品味，態度即會好轉過來。模特兒、演員的坐姿多半是這一類型。

- 腳的交叉方式不定，頻頻更換——心中挫折感強烈，尤其是內心慌亂或感覺寂寞時，常見這類動作。年輕人若有這類舉動，多半表示性方面的苦悶與挫折感很深。

手勢顯現「女人心」——有意或無意？

——手的感情訊號

人大腦皮質功能中，絕大多數都是用來控制手的動作與臉部表情——也就是說，手能表現出與臉同等的感情。

女性常被比喻爲「情緒動物」，感情非常直接地表現在臉上，這點是男性望塵莫及的。此外，女性的手不知不覺之中，也會「透露」出她的情緒。而且兩相比較之下，在臉上隱藏不住的情緒，往往會一五一十地化爲「手的表情」。

●抱著胳膊——抱著胳膊顯示的第一個意義是「抗拒」。平常理當下垂的胳膊，交織在胸前，就是想要在自己身體前方構築強力的壁壘。這是不願他人進入自己領域的姿勢。

如果抱著胳膊的同時，帶有點頭示意、微笑，則意義完全不同。這種情形表示她對說話者的話題非常感興趣，並希望能夠更廣泛、深入地了解。心理上想拉攏對方，是防止自己衝動，而非對外防衛。

●手放在背後——乍看之下，似乎在思索什麼，事實上，多半不過是「裝腔作勢」而已，並且以抗拒他人接近的情況居多。有些動作乃因擔心他人接近的心理所使然。

●捲起袖子，露出胳膊——表示「興趣勃勃」。露出胳膊等是誇示自己的力量。專心傾聽或專注於某一工作時，常見的姿勢。

●觸摸對方的身體——邊說話邊觸摸對方的手、肩、膝等部位，是心懷好感的證據，因爲這時的身體領域距離是零。若是進一步出現撫摸動作，是期待對方反應、等候邀約的信號。同時也表示她性格主動積極。

聽人說笑，邊笑邊用手拍人肩膀，也是懷有好感，開始對說話者個人及話題內容感覺興趣的跡象。

- **撫弄頭髮**——一般而言，女性若非在自己垂青的男性面前，不會輕易拽弄頭髮。即使悄悄用手撫弄，或紮起頭髮，心中期望對方看到，也是在等待男性的溫柔言語，和接近自己。

此外，女性遭遇挫折的時候，也會出現這種動作；但是猛揪自己的頭髮的動作，則是後悔、焦急時才會出現的。

- **手貼臉頰或耳際**——這是所謂的「遮羞」動作。心懷情意而想要掩飾害臊的無意識舉動。
- **托腮**——在你面前，托著腮聽你說話，多半沒有集中精神傾聽，她的動作正暗示著——「我

也有話想說，但……」對方覺得很無聊時，你就應該停止高談闊論，讓對方主導談話進行。

● 指尖咚咚地敲打——表示對方焦躁、緊張、抗拒的紅色信號。此時宜中斷談話較爲妥當。

● 把杯子等物品推向對方——欲向對方展現優越感，或是感覺心理壓迫感時，常見的動作。藉著把桌上菸灰缸、茶杯等小物品，若無其事地推向對方，擴大自己的身體領域，意圖在心理上處於上風。

反之，你若想佔心理優勢，只需表現出此一動作即可。對方可能會把椅子向後拉，或是挺起胸膛，以紓解心理上的壓迫感。

● 手插口袋——這一動作象徵種種心理狀態。可能是心懷警戒，希望隱藏手勢，讓他人無法識破自己內心的想法。另外，也有可能是不相信對方。

眼睛會說話——由眼睛看女人心

——鎖定人心的視線魔術

常言道：「眼睛是靈魂之窗」，人的心理最容易表現在眼神上。人的大部分動作，都是遵照腦部指示運作，唯獨視線例外。從視線是否集中，即可看出一個人感興趣與關心的程度，以及親切感。果眞如此，如何從對方眼神透視他（她）的內心呢？

〈要訣一〉

——對方凝視著你嗎？

解讀視線首先得注意對方是否看著你。

通常一對一談話時，視線朝向對方臉部的時間，約佔整個談話時間的

30%～60%。假使超過這個百分比，即可認爲對方關心你的程度，勝於談話的本身了。

反之，視線停留時間低於全部時間的30%時，可能是有事隱瞞。移開視線則意味著，心理狀態正處於「不願意讓人看見」，其可能性不低。

【敏感的人】

對別人言行敏感的人，經常會看著對方。

【視線】

凝視對方過久，不移開視線的女性，有不可告人之事。

初次見面即搶先一步，岔開對方視線的人，大多是想佔上風。

——心理學家　多湖輝

〈要訣二〉

——避開視線的方式

與人交談，談話開始和結束的時候，對方應該都會看著你。前者是讓你知道談話即將開始；後者則是想知道自己的說話內容，對方究竟了解多少。

然而「避開視線」的動作，又意味著什麼呢？

一般來說，初次見面先閃避對方視線的人，個性較主動，心中想比對方更居上風——因為避開對方視線，會使他心神不安。想必大家都有過這樣的經驗：與人初次相見，對方急於避開你的眼神，你難道不會猜想：「她看我不順眼？」或「她討厭我？」而且很奇怪地，你會十分留意對方，往往不知不覺間，就隨著對方的步調打轉。

所以心理上如果想佔上風，一開始時就應該避開對方的視線。

【表示敵意的信號】

凝視固定一點般、動也不動的視線，即表示強烈的敵意。

【岔開視線】

看異性一眼後，故意岔開視線，含有強烈的性需求意味。若被人凝視而單單將視線岔開，多半是心中有某種的弱點或自卑感。

——心理學家　多湖輝

〈要訣三〉

——以視線的方位解讀對方心理

視線的方位可區分爲三種，其所顯示的心理意味也各有不同：

①往下看的視線——想較對方居於優勢的心理狀態；急欲主導彼此間關係，以便支配對方，常見於上司對部屬、父母對子女之間。

②水平的視線——想以對等關係與對方交談的心理狀態。常見於朋友、同事之間。

③往上看（眼珠上翻）——處於被動的心理狀態，期望對方引導，依賴

感強烈的視線。部屬看上司、子女看父母大多屬於此種眼神。

視線方位除了可以判斷對方心理狀態之外，也能看出你在對方心目中的形象。所以，將計就計不失爲好的對策。例如，對方視線爲①類型時，你不妨表現稍微依賴一些；若爲②時，則雙方皆無須客氣，平等相待即可。

【視線的移動】

說話時若視線集中於對方，表示此一話題是自己想要強調，期望對方了解的。

與人談話時，對方假如斜眼相望，不論此事和對方有無重要關係，多半表示對方沒興趣知道。

——心理學家　多湖輝

【瞳孔】

男性看到女性裸照時，瞳孔張開幅度比平常大20%；女性看男性裸照，卻顯現出看嬰兒照片時，產生的類似反應。

——美國心理學家　赫斯

〈要訣四〉
——眼珠轉動的方式

談話當中，對方視線開始左右搖擺，四處張望，可能是他精神緊張、不安，心懷警戒的跡象。這時她試圖掌握全部視野，汲取眼前所及的一切資訊，想要表現得鎮定、沈著。這可算是眼睛的「不斷抖腿」的現象。

初次見面，卻在別人面前不斷眨眼睛的人，可能個性怯弱，或是畏懼對方。為了早些脫離這個窘境，而直眨眼睛。相反地，聽人說話時，眼睛眨也不眨地凝視著對方的人，不是處於安心、放心的狀態，就是滿腦子的事情，根本就心不在焉。

應付上述兩種情形，不管後果如何，先盯住對方的眼睛。即使對方出現厭惡的表情，或是故意忽視你的存在，你仍然要死盯住她的眼睛。不管是哪一類型的人，經你「凝視」，意志都會動搖。

的確，人們會因感覺——「自己有被看的價值、有魅力」，轉而認為——「對方關心我」、「受注目的感覺眞不錯」。這種注視對方的眼神技巧，雖然需要耐性，卻頗能打開對方心扉，而且效果相當卓越。

然而，值得注意的是，如果你心存僥倖，徘徊於「動搖對方意志」與「關心對方」之間，你的凝視，極可能遭致對方強烈的反感。

笑聲讀心術

——由笑聲和嘴形看人的心理

——笑是掌握人心的線索，初次見面也能由此看出性格

但是仔細觀察之後，會很意外地發現：每個人的笑的方式並非與生俱來，而是在10歲以後，受環境左右，慢慢學習得來的。

所以，即使初次碰面的人，從他笑的方式，也能立刻窺知他的爲人。尤其特別需要小心下列幾種笑聲：

「笑聲像女性的男性」——他們經常在暗中冷不防地做出駭人的舉動，個性不喜歡被人探知內心世界。當然，和此類型的人生活在一起，就算是夫妻，也很難讓人看出他真正的心思所在；可能逢人一副老實模樣，但卻背地裡對妻子不忠實。

「竊笑」——暗中譏笑，以年輕人的情形居多。

「用鼻音哼哼冷笑」——帶有戲弄之意，表示有輕侮人的傾向。

「陰笑」——野心家，表裏不一，常伺機佔人便宜。

「暗笑」——言行不正當，盡可能想要不勞而獲。

「奸笑」——心懷祕密的人。

「硬要用丹田之力大笑出聲」——處心積慮想使人注意到他的存在。雖說自信滿滿，其實卻可能只是個「膽小鬼」。

——嘴角玄機

常見有人把手放在自己嘴邊，這種習慣在男性之中並不多見，似乎還是屬於女性的專利。

女性笑的時候，稍稍用手遮嘴，感覺是滿可愛的；但若經常如此，卻叫人放心不下。因爲這種情形意味著不願讓人識破自己眞正的想法，隱藏自己弱點的防衛本能強烈，就算失敗了也要盡可能予以掩飾，才是這個動作的本意。

這一類型的人，工作上犯錯，總是想盡辦法隱瞞，不讓人發現錯誤即可了事；卻因爲刻意掩飾，使得錯誤越來越嚴重，只好一錯再錯，撒謊欺騙。

此外，任何團體裏，都可以見到事事都有意見的人。這種人開口閉口都是大道理，目的在於讓自己情緒平靜下來。公車上就常聽見這種人高談闊論，批評上司器度短小、辦事沒有章法等等。倘若仔細觀察這類人的嘴形，你將會發現他們歪著嘴唇在說話。

同樣地，嘴角下垂如「ㄟ字型」的人，也叫人望

之卻步。這種人上酒吧等娛樂場所，女性也多半不願意接近他，怕他會對調酒的作法、別人說話的方式等都有意見，嫌他煩人。事實上，「ㄟ字型」的嘴形，讓人感到強烈的拒絕感，也難怪周遭的人會反應如此。

而說話時，「下巴抬得老高」的人，雖然與嘴形無關，坦白說，也是「生人迴避」的類型。

個體碰到他人在其面前，下巴抬得老高，心理上很可能感覺受到攻擊、挑戰，不由得擔心：「這傢伙，是不是來找碴的？」

總之，說話時，下巴對著人，是種相當容易樹敵的動作。

抽菸、熄菸的手勢，暴露出一個人的性格

——熄菸類型

儘管「抽菸」，一向被視爲健康的大敵，喜歡呑雲吐霧的人也越來越少，辦公桌上或餐桌上，仍舊少不了菸灰缸。

事實上，一個人吸菸的方式，與其性格有著密切的關係。與人會面或開會時，不妨仔細地觀察吸菸者的模樣。

一個抽菸和處理菸灰的方式，浮現出下列的性格：

①一點一點地熄掉菸——非常關心與「性」有關的事物，有虐待傾向，且容易動怒，遇到阻礙就滯留不前。

②把菸頭筆直地朝菸灰缸一次按熄——這種人會把工作和休閒劃分得一清二楚，個性堅毅。

③分二次按熄菸頭——品味低級，看報紙只看八卦類的社會新聞、經常爽約的人。

④菸頭按了又按，三次以上——悶不吭聲，像有什麼心事似的。擅長吸引異性，卻又很快厭倦。

⑤隨便按一下，不在意菸是否完全熄滅——任性、缺乏毅力；社交手腕雖好，對人的好惡卻表現得露骨、直接。

⑥倒水進菸灰缸——兼具一板一眼與吊兒郎當的性格，常叫周遭的人不知所措。有些任性、感情脆弱。

⑦不彈菸灰，任其積滿掉落——外表看似大膽，本性卻膽小、吝嗇。這種人若是單身，或許會懶得連髒內衣都照穿不誤。

——抽菸的姿勢

抽菸姿勢當中，最有問題的是下列幾種：

- 一有菸灰立刻彈掉的人
- 菸蒂也會放得好好的人

不論是前者或後者，性格均傾向完美主義。然而，太過神經質卻也成為

⇧公私分明的人
⇧用心的人
⇧易受感動的人
⇨
怯弱且吝
嗇的人
⇦一絲不苟的人
⇩神經質、死心眼的人
⇦應該算是糊塗馬
虎的哪一型吧？
⇦喜怒形於
外的行動家

問題。認眞過度，有時反倒不能適當地處事事情。

這種人大都多屬於強迫型性格，平日不是掛念家裏瓦斯沒關，就是擔心忘記關掉電源，甚至人都已經出來了，還要跑回家再三確認，才能安心。

建議這種人不要凡事悶在心裏，給自己增添壓力；對於小事情不要斤斤計較，想開點比較好。

●用大拇指、食指、中指夾菸的人

腦筋好，又處處替周遭的人設想。在工作崗位上，不僅不會出差錯，而且頗有人望。

但是，別在意別人對自己的看法——自我知識強烈也是不爭的事實上。這種人若是女性，則多半愛慕虛榮。

●用食指和中指前端夾菸的人

生活踏實，凡事能多方考量，並沒有值得人憂心的地方。話說回來，倒是有畏首畏尾的毛病。女性的話，大多是老好人，待人親切，相對地，個性優柔寡斷，容易受人擺佈。

●用食指和中指夾菸的人

行動至上，坦率表達自己情緒的人。善於主動追求異性，與女性交往相信遊刃有餘。

這類型的女性，或許因爲太過強悍，讓人覺得缺乏女人味；而其本性溫和、純樸卻是不容置疑的。

由「睡相」看性格

──睡覺時眞心表露無遺

人睡覺時，幾乎處於完全無防備的狀況，而心理學者也因此認爲此時眞心表露無遺。

美國精神分析醫師鄧凱爾就從他與大批病患面談經驗中，發現睡姿會反映病患的性格和心理狀況。

於是，他歸納出六種睡姿：

〈胎兒型〉

睡覺時，身體縮成一團，有如子宮內胎兒的姿勢。

據說這種睡姿常見於個性內向、依賴心強的人身上。或許是懷念在母親子宮內的日子吧……，有戀母情結的男性，常見這種睡姿也就不足爲奇了。

〈半胎兒型〉

膝蓋彎向一旁的睡姿。慣用右手的人，多半身體右側在下，而左撇子則以身體左側在下居多。

這種姿勢雖屬胎兒型的變型，個性卻中庸、沈穩，叫人感覺安心。

〈王者型〉

伸張手腳，成大字型仰睡的模樣。

個性沈著、自信心強，思想開放且靈活。這種人大多是在集父母關愛於一身的環境中長大。

〈俯睡型〉

顧名思義，趴著睡的姿勢。

沒有人能整夜都趴著睡，大部分的人，都會無意識地翻動身體。對這種人而言，俯睡可能比較容易入睡。

有這種睡姿的人，總是小心翼翼地處理周遭事物，個性認眞、謹愼。

〈囚犯型〉

睡覺時、兩膝分開，腳踝疊在一塊，朝側邊睡的姿態。

腳踝交叉意味著內心不安、工作不順心，反映出某種煩惱的樣子。

〈獅身人面獸型〉

背部隆起，跪著睡的樣子。

小孩子常有的睡姿，以不想睡覺的情形居多。成人則多半是睡得不熟或睡不著。或許他們為了要在醒著的世界裏繼續奮鬥，才巴不得天快點亮吧？

心理學趣味派 ⓬

「我不再上當了！」

「穿直線紋衣服和穿橫條紋衣服，哪一個看起來會比較胖？」

・下圖是所謂的「赫姆赫茲錯視圖形」，①與②都是大小相同的正方形。但是②看起來卻像是左右較長的長方形，①則像是上、下較長的長方形。同理可知胖的

人應避免穿直條紋的衣服，穿橫條紋會使你看起來較瘦些。

•圓Ⓐ～Ⓓ裏的線，全是直的，受到背景的影響，看起來卻像是曲線。

•左圖稱為「何福勒彎田對比錯視圓形」。半徑大小相同的弧，夾在弧度較小的弧形中，顯得弧度較大；夾在弧度較的弧形中，顯得弧度較小。

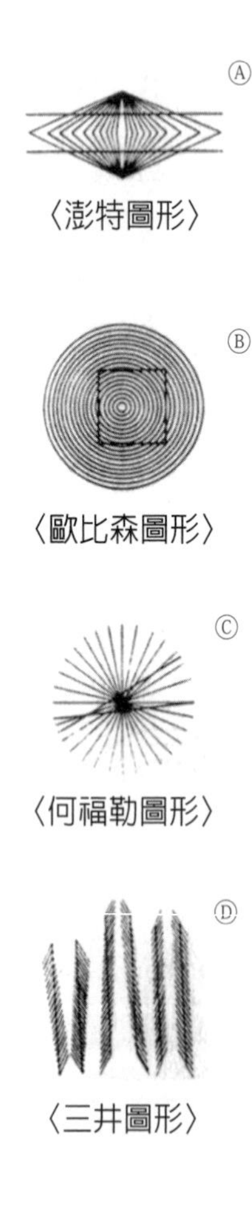
Ⓐ〈澎特圖形〉
Ⓑ〈歐比森圖形〉
Ⓒ〈何福勒圖形〉
Ⓓ〈三井圖形〉

•下頁圖示是「明斯基與巴貝特錯視圓形」。猛一看，你會認為Ⓐ與Ⓑ一模一樣。事實上，仔細觀察後，你將會發現　是由一條線所繪成；Ⓑ則是用二條線畫出來的。

•下頁圖示稱為「詹德錯視圖形」。大小不同的二個平行四邊形，對角線e、f長度一樣，看起來卻是e比f來得長一些。

Ⓐ

Ⓑ

Ⓒ

Ⓓ

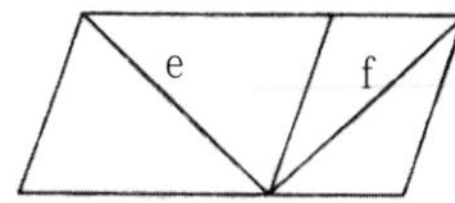
e
f

第八章

人際關係活用術

讓對方聽得心花怒放的「說話心理術」

——越看越順眼——「熟悉法則」？

求神拜佛的人相信不斷地朝拜某一神祇，誠心能感動神明，讓自己的願望實現。就心理學的觀點而言，這種心態相當有趣，值得詳加研究分析。暫且不論神、佛是否有心理學方面的概念，心理學理論認爲，經常相處、見面，對方也會漸漸對你產生好感。也就是說，求神拜佛的人相信自己的虔誠應能獲得神佛的好感，進而幫助自己達成心願。此一理論稱之爲——「熟悉法則」，並經由美國心理學家查安斯的實驗獲得證實。

查氏從畢業紀念冊中隨機選出一些學生照片，受測男學生發給女學生照片，女學生則發給男學生照片，分成A～F六組，進行測驗。然後，讓A組學生相片一次、B組二次、C組五次、D組十次、E組25次，至於(1)組的學生則沒有任何機會看到相片。稍後，又重複一次同樣的步驟，並詢問受測者對相片中人物的印象。結果，看照片次數越多的組別，回答「印象良好」的傾向越強。

事實上，這一實驗如果以眞人面對面的方式進行，仍會有同樣的結論。一般相信，個體與特定人物的接觸次數越多，越容易產生好感，原因是彼此多次的相處，得以熟悉、了解對方下一步會有何種舉動，信賴感也隨之而來。値得注意的是，第一印象太差的情況下，往往就不會有這種效果；相反地，則是更加厭惡對方。第一印象的確隨時隨地都應該留心、注意。

——何以性格相近的人總是形影不離？什麼是解除心防的關鍵所在？

美國曾經有以某大學住宿生爲追蹤調查對象。調查發現，剛住進宿舍時，住得越近的人，彼此越有可能結爲好友。但是，隨著時間經過，個性、生活態度相近的人逐漸聚在一塊，形成小團體。前一現象稱爲「接近主因」；後一現象稱爲「類似主因」。若是以你自己本身的經驗加以印證，相信有助於你了解此二種主要原因：是否同班？有無共同興趣？往往是能否成爲好友的主要關鍵。因此我們才說「接近主因」與「類似主因」是決定朋友關係發生的三大因素。所謂「物以類聚」、「同病相憐」，朋友、同伴，或是境遇相同的人，或多或少都會有相似的心境，有時甚至連言語措辭、態度、癖好都一模一樣。

某位名嘴曾說過，要讓談話氣氛愉快，進行順利，最有效的方法就是觀察說話者的說話方式、態度，並眼明手快地加以迎合。如此，隨著對方心防的解除，談話自然而然漸入佳境。

例如：對方態度直爽，說話單刀直入，自己也就不要裝腔作勢，而是要打開天窗說亮話。相反地，對方注重禮節，則自己也要態度恭敬，注意言辭修飾。總之，若能迎合對方的態度，必能在短時間內，讓對方覺得一見如故，視自己爲他的化身。親密的交往，只不過是時間上的問題。

——瞬間進入對方內心的「笑容魔術」

好萊塢電影中，讓人印象深刻的一幕是總統候選人，在公關公司的專家指導下，對著鏡子練習展現笑容。爲了營造愉快的氣氛，的確有必要檢視自己的笑容。地球上的衆多生物裏，唯有人類會笑。而人的笑容又包含了許多的意義。例如：瞧不起人、心中暗自高興、想到什麼自覺不好意思，笑的方式往往也大異其趣。即使是爽朗大笑，有時可能是得意揚揚，爲了表示自己的勝利；有時卻是爲了掩飾自己的弱點和不快，故意「哈！哈！」大笑。同樣的笑容，因爲外在環境的不同，有著不一樣的意義。

一般說來，笑的確能使氣氛緩和，就算是權宜之計也罷！和對方同時笑，會降低彼此的戒心，湧現親近的情感。笑之所以能共有，意味著彼此感情一致，此時不但是溝通的絕佳機會。也是讓對方接納自己的良機，而掌握此種機會的竅門就是「笑」。即使對方談話內容無聊得令人昏昏欲睡，也要盡可能地現出笑容。

「多麼累人的苦差事啊！」正因爲辛苦、累人，才須刻意營造輕鬆愉快的氣氛，避免自己笑容僵硬，同時也能讓對方暢所欲言。那麼，就把「笑」作是訓練我們把握機會的必修課程吧！

——滔滔不絕或沈默不語的原因

電視上的選舉政見發表，往往是人們茶餘飯後的閒聊話題，大多數的情況下，候選人多半表現失常，顯得謹愼。因爲不同於一般說話形態，沒有現場聽衆，候選人獨自面對攝影機，得不到聽衆的回應，使得他們變得不知所措，戰戰兢兢更是不在話下。由此，我們可以了解，平常不太注意點頭之類的小動作，在人與人的會話裏，扮演著極爲重要角色。

過去，人們常認爲善於點頭的人，能夠有技巧地引導對方說出自己想聽的話。然而，從電視等傳播體系得知，好的訪問人成功的原因不在點頭回應的次數，而在於點頭的時機正確。有個實驗，讓一個人接受面試，面試過程分爲三個階段：前十分鐘和普通的面試情況相同；後十分鐘則由負責面試者對受面試人的談話頻頻

點頭回應；最後十分鐘，受面試人得不到任何回應。實驗結果發現，得到點頭回應的次數越多，受面試人講話的時間越長。點頭回應的確是使人話越說越起勁的「暗號」，它讓說話者覺得聽者理解自己所說的話，願意繼續說下去。相反地，聽者若無任何點頭回應，則說話者只會懷疑對方是否接受自己的說詞，徒增不安，認爲還是不開口爲妙。

經由以上說明，你應該知道談話進行的順利與否，點頭回應有著潤滑油般的功能。當然，「重複對方的話」、「微笑」和「隨聲附和」也有同樣的功效，若是能運用得當，相信必能提高對方說話的興致，使其暢所欲言，有機會聽出他的眞心話。既然如此，爲何不下些功夫，注意這方面的事情呢？

——「口若懸河」則「話不投機半句多」

說話方式通常是人際關係良好與否的主要關鍵。然而，究竟怎樣的說話方式才算高明呢？若是認爲高談闊論、辯才無礙才算會說話，那就大錯特錯了。好講道理、口若懸河的說話方式，不但無法抓住人心，而且只會讓人敬而遠之。原因是：人與人之間的對話方式，除了遣詞用句不同之外，還會受對話過程中，彼此交換非語言訊息所引發的心理作用所左右。這類的「信號」交換進行順利的話，彼此間的談話也會順暢無礙。英國社會心理學家柯吉爾的研究結果，正可以解釋這一點。阿吉爾以二人對話的情形爲例，發現：原本互視的眼光，在另一方想發言時，往往會將他的視線移開，若是原先說話的人不將他的視線移開，只會讓想說話的人開不了口，久而久之，不滿也就油然而生。此外，彼此對話愉快的人，通常說者說完某段話後，會將視線上移，期待聽者的回應，聽者也會表示：「的確」、「嗯」、「然後呢？」或是點頭表示贊同。等到說者說完話，又會將視線上移，注視聽者一陣子，聽者回視，然後彼此角色互換，進行另一段對話。

注意上述的對話過程，唯有這類的信號交換進行順利，彼此間的對話才會順暢無礙。相反地，冗長的個人談話秀，可以預見的反應將是「言者諄諄，聽者藐藐」，聽話的一方開始抽菸、喝水、四處張望。此時，說話的一方應該會察覺到也該讓對方說說話；否則，對方只會更不耐煩，明顯地做出敲桌子、頻頻看錶、變換姿勢或是猛瞧天花板、地板之類的動作。總之，口若懸河、辯才無礙的說話方式，實在不算高明；能夠一邊注意到上述細微的肢體動作，一邊注意調整自己的說話方式，才是一等一的說話高手。

——自我意識強的人，經不起別人的曲意奉承

一般而言，任何人受到別人的讚美，即使明知是恭維之詞，或多或少也都會有些飄飄然的感覺。小自讚美容貌，如：「好帥！」、「多性格啊！」大到稱許工作表現，如：「沒有你就沒有公司」、「經理多器重你啊！」在在都讓人覺得受用。而自我意識強的人、好出鋒頭的人、自命爲領袖人物的人，尤其經不起別人的曲意奉承。自尊心強的人，在想都沒想到的情況下，甚至還會高興得「忘了我是誰」。若是以謠傳形式，經由第三者傳受誇獎人的耳中，效果更大。讚美

的言詞正是交換喜歡與否的決勝關鍵；即使如此，用得不對，仍會有產生反效果的可能。做太太的若想讓老公抬不起頭，最有效的，莫不過於說：「隔壁的潘先生，據說升經理了」、「李先生聽說調去東區分店了，人家好優秀啊！」、「而你……」就算最後一句話沒出口也夠傷人的了。當你誇獎第三者時，常常不知不覺地傷害到對方的自尊心。老經驗的推銷員都知道，延攬客戶最大的忌諱即在於誇讚其他的客戶，「張先生也是買了同樣的東西，眞不愧是有身分的人」之類的話，只會引起反感，說不定該客戶對「張先生」的印象本來就不太好。

——逆向運用，流言也能引來關注

閒言閒語常使人聽得眉飛色舞，食欲大增，說人閒話的人也似乎覺得此舉是世上第一大樂事。當然，說者往往事先言明勿將閒言閒語外流，聽者卻往又將聽來的流言，轉述給別人知道，讓人大嘆——「人的嘴巴眞是靠不住」！由於謠言最後必然會爲當事人所知悉，逆向運用這種傳播途徑，必能吸引目標對象的注意力，也就是說，透過第三者的嘴讚美對方，相信任何人都不會介意聽到這樣的「善意流言」。因此，使用這個方法，應該能大大贏得對方的信賴。但是，要怎樣做，才能達到最佳的效果呢？

美國心理學家阿龍森和琳達曾做過一項有趣的調查實驗，詢問受試者「聽到別人說自己閒話時，對說者有何印象？」實驗情境分爲下列四種：

Ⓐ始終讚不絕口，直稱是「大好人」、「厚道」、「親切」、「卓越」。

Ⓑ剛開始猛挑毛病，如：「不起眼的傢伙」、「沒知識」、「口才差」，而後又如Ⓐ一般地加以稱讚。

Ⓒ從頭至尾，一個勁地損人。

Ⓓ先褒後貶。

這四種類型當中以Ⓓ人最惡劣的印象——先褒後貶，既容易傷人自尊，造成的傷害又大，因此爲人所厭惡。而予人最佳印象的並不是Ⓐ，而是Ⓑ，也就是「先褒後貶」似乎比Ⓐ讚不絕口，更能贏得好感。一般相信的理由是剛開頭的批評，讓人感受到客觀性，而後的稱讚則激起人們的自尊心。總之，想要隨心所欲掌握謠言的運用，給人好印象，最後的大加讚美才是聰明的方法。不過，話雖如此，卻仍不可以只是批評人，批評的內容亦應該限於不傷害到彼此關係的事物爲宜。

──「別人的失敗，就是我的快樂？」

「人性面」一詞，給人一種莫名的親切感，覺得周遭氣氛讓人安心。平日坐在大辦公桌前，難以親近且威嚴十足的經理，突然冒出一句：「昨晚喝醉了，不小心把資料遺忘在回家的計程車上，一旦被老闆知道了，我可就慘了！」相信不但不會被人輕視，反而還會讓人覺得親切。

喝酒喝過頭而弄丟資料的行爲，顯然與身爲上司的威嚴格格不入，然而，也讓聽者感受到當事人的「人性面」部分，倍感親切。人們基於自我防衛的心理，認爲失敗可恥，總是想盡辦法掩飾是可以理解的；特別是在視競爭爲生存法則的工商社會，更是有其必要，不願示弱的心理作用也越強。相形之下，也就覺得不諱言自己失態的上司容易親近得多。同樣的道理，偶爾一次的「脫線」行爲，往往都有意想不到的效果。例如：假裝撥錯電號碼：

「啊！眞是老糊塗，要撥醫院怎麼會撥到你家呢？嗯，最近還好吧！」有意無意地演出失常，說出自己的失敗糗事，常常能在人際溝通上扮演潤滑劑的角色，即使顯得有些滑稽，卻也能在人們感覺親切的同時，表現出自己的個性面。這一點由能力越強的人表現出來，效果越是顯著。

初次見面就能突破對方心理防線的祕訣

——彼此不相識也能產生好感的「心理距離」

年終整理名片的時候，發現自己一年來曾和爲數衆多的人們見過面——人生就是與初謀面者的一連串相遇。

初次見面，任何人都會在意對方是否眞的把自己放在心上，或是仔細聆聽自己的談話。筆者曾問過某位推銷員，據他表示，就算是身經百戰的推銷員「老鳥」，也不願登門拜訪不認識的客戶。既然這種因爲陌生而產生的緊張，人人都會有，那爲何不放鬆心情，讓氣氛變得融洽，化緊張不安於無形？在此介紹讀者們與人快速建立親密關係的小技巧。

帶給他人好處的活用術——

有一實驗如下：實驗者分別與A和B兩人交談，其中A談話的時候，C在一旁聽著。談話結束後，實驗者詢問C對A、B兩人的哪一個較有好感？結果對A有好感的人佔壓倒性的多數，顯示我們對距離自己越近的人越是喜歡的傾向（二人的距離以一方伸手可觸及另一方，約五十公分左右爲最佳）。顯然地，我們若想和某人發展親密關係，應該盡可能地趨前搭訕，而非遠離他（她）。

拜訪初次見面的人，試著大膽地趨前交談（小心別大膽過頭了，反而給人冒冒失失的印象，否則將前功盡棄），不但使對方對你產生好印象，相信也能化解你的緊張感。

——說服力與魅力兼備的說話聲音

心理學家認爲一般情況下，聲音低沈比起高亢聲音，顯得更洗練而富魅力，讓人覺得安心、有男子氣概，音質沈穩的人，被人接納，當紅影、歌星中，聲音渾厚、有磁性者占多數即爲明證。美國的心理學家梅拉賓依據語彙、音質及長相影響認知態度的比重，歸納成以下的公式：

認知態度＝

（語彙）×0.07＋（音質）×0.38＋（長相）×0.55

也就是說，人們對說話者的認知印象好壞，最容易受他的長相所左右，其次是音質，最後才是語彙。

以「長相」爲首要判斷基準並不教人感到意外，但是「音質」的影響遠大於「語彙」卻著實叫人吃驚。根據音質的相關研究報告指出，聲音宏亮、

低沈的人，個性外向，具統御力且說服力強，各位讀者大概也注意到名電視新聞播報員、政治明星多半是屬於這一類型的。

——低沈的說話聲就能縮短彼此的「心理距離」

挨近對方，盡可能低沈響亮的聲音說話，不但能增加說服力，也能使你的魅力大大提升。值得注意的是，說話低沈、響亮，仍有一定的竅門：首先是不要把話說得太快，有如連珠炮。爲此，不妨練習出聲朗讀報上的社論，一旦習慣於此，建議讀者對著鏡子說話看看。不斷反覆練習之下，必能從鏡子發覺另一個未曾注意到的、深具說服力的，以及給人良好印象的自我。

一般而言，我們在與人交談時，往往藉著聲調高低來調節「心理距離」。而大體上，提高聲音、大聲說話的人，多半想向外表現、有強烈的自我展示欲望，提高音調的原因無外乎可以引人注目。可是說話聲音低沈的人卻不能以此認定他個性內向——他可能意圖用低沈聲音，縮短與聽者之間的「心理距離」。

【心理距離】

我們聊天聊得起勁時，通常聲音也有起伏高低，用以調節心理距離。說話聲音低沈的人，並不一定就是大家所說的個性內向。語音低沈的人，其實是企圖大幅縮短與聽者之間的心理距離。

——心理學家 多湖輝

——讓自己「與眾不同」，塑造強有力的印象

給人帶來印象，首重表現個性。所謂個性不是穿著、打扮跟流行服飾雜誌裏的照片一模一樣，就叫有個性；而是找出自己的魅力所在，並且展現出來，即使是一點點的魅力也是關鍵所在。回想一下國小、國中時代的朋友，只要有別樹一格的特徵，就能馬上喊出他的名字；反之，那些長相、身段平庸無奇的，即使百般思索，也只能說是深深埋藏在過去的記憶中，不復可尋。

再拿學生做例子，一般大學拿全A⁺的大概不多，90％的人都是拿A，平

均分數80分左右，奇怪的是他們畢業後留給人的印象總不如那些低空飛過、調皮搗蛋的學生來得深刻。在一切平均化的現代社會裏，與他人相同不可能給人強烈印象，即使是一條領帶、一串首飾，只要醒目、耀眼，都能突顯自己，不失爲吸引他人注意的良策。

——光環效應——「沾光術」運用之道

曾經在咖啡廳裏聽到兩個男的在相互發牢騷：

A：「眞是瞧不起人！前幾天我到S公司去，表示要介紹新產品，想見一下負責人；他們卻回答我要問一下承辦人再說，根本是拒人於千里之外。」

B：「可能是你未事先約好，突然拜訪吧？」

A：「所以嘍，我就請在S公司吃得開的M先生幫我寫了封介紹信，想不到對方態度卻轉了180度，客

客氣氣，還好禮相待吔！」

生活周遭充斥著類似事件，像這個個案裏寫介紹信的人，讓人覺得值得信賴，談商務也能順利進行。我們評論一個人的時候，心理上每每拿他的背景、關係作爲衡量，這種傾向稱做「光圈效應」。這種光圈就像是宗教畫像、佛像裏見的那類光輪，或是圍繞太陽、月亮的暈輪。有光環的宗教像顯得分外莊嚴，有暈輪的太陽、月亮看起來也較大，而背後有人支持，身價也跟著看漲，所以稱作「光圈效應」。

積極運用此一「光圈效應」，即使是初次見面，也能輕而易舉地贏得對方的信賴。舉個不太好的例子，報上喧騰一時的詐欺犯，就是大肆吹噓他和政名流、財經界人士的關係；或是頂著醫生、律師的名號，讓對方誤認爲此人社會地位、背景良好，而遭欺騙。

上述例子並不可取，然而正當的「光圈效應」仍應積極運用。尤其是近來人們逐漸認爲——「人際關係也算是人格的一部分」，相信——「某人既有的人事背景，應該值得信賴」的情況下，更不要恥於談論人事關係。只要不讓人事背景蒙羞，又有何不可呢？

讓人無法說「不」的心理技巧

——「腳在門裏」（Foot in the Door）

心理上人們有保持自己行動一貫性的習慣，一旦承諾別人，別人再拜託時，就不好意思拒絕幫忙。比如說借錢，剛開始只答應對方借少量金錢的要求，對方借的金額越來越大，就不知道如何拒絕。常見的詐欺騙色，幾乎都是有技巧地利用人們此種心理，一點一滴地騙光被害人的財產。

社會心理學將這種「踏進門再慢慢撬開門」的說服技巧，稱做「腳在門裏」技巧。關於此種心理現象，曾經做過如下的實驗：

實驗者用——

Ⓐ突然拜訪，請求「協助調查」。

Ⓑ事先以電話聯絡，說明調查內容後請求協助。

Ⓒ拜託實驗對象填寫問卷，取得該對象諒解後數日，再進行實際調查。

三種方式，用「調查住家櫥櫃、抽屜中到底裝了什麼東西」作爲理由，要求接受實驗的住家出示這些東西，協助調查。這項惹人厭惡實驗的結果顯示，用Ⓐ、Ⓑ兩種實驗方式只得到22％與28％受實驗者允許；而採用Ⓒ方式，則有53％的受驗者願意幫忙。

如此說來，要讓人答應某種不情願的要求，採用剛開始得讓對方承諾一些無關緊要的小事，再慢慢地切入正題的方法會比較有效。初次約女孩出來，可以說與朋友打網球，要不要一塊去？之後再邀對方一起聽音樂會等等，約會幾次之後，想必就會有所進展。

另外，棘手的生意，想一下子就得到承諾是不可能的。此時，不妨先從打電話給對方，製造工作以外雙方接觸的機會開始。總之，起初只能要求些小事，一旦腳踏進對方門檻裏，再逐步進入正題，這樣才容易使對方說OK。

「促膝對談」——說服人的最高技巧

美國心理學家巴蘭德曾就身體接觸的頻率，比較日本人與美國人的不同。根據他的研究，日本人在孩童時期，親子間身體接觸十分頻繁，成人之後卻不知為何，很少與他人有身體接觸。一般認為，人與人之間的身體接觸是傳達感情最基本、最好的溝通方式。日本人為什麼會有此種舉動呢？巴蘭德認為日本人不願意直接坦誠表達出感情的緣故。不過，他表示日本人並非完全避免身體接觸——日本人之間有所謂「酒精溝通」，藉著飲酒、彼此勾肩搭背，傳達彼此的感情，進行溝通。因此巴蘭德斷言日本人只有在飲酒作樂、觥籌交錯之際，才會打開天窗說亮話，顯現出真性情。

的確，日本人與人溝通時，若是不喝點酒，總覺得氣氛尷尬，多半無法正確傳達自己內心的想法。一旦喝了酒，即使原本毫不相識的鄰座者，也能交談甚歡，甚至勾肩搭背、同歌一曲。或許我們可以說：若無其事地拍拍對方肩膀、碰觸對方身體，具有給予對方「夥伴意識」和「信賴感」的效果。

日本人常說「促膝談判」，據說日本人已故首相三木武夫，就是實踐

「促膝談判」的「座談名人」。每當日本自民黨內有重大事件必須協商，或是做決策的時候，他都會趨身接近交涉對象，邊用手撫摸或輕搖他的膝蓋，邊進行溝通。而受到撫觸的一方，據說也經常會不由得叮嚀自己不要持反對意見，不知不覺之間，就出現有利於三木武夫的言論了。

——漫不經心地輕觸能產生親切感

在美國曾經有心理學者做過一項實驗，對象是單獨上超市購物的男性和女性。

首先，實驗者叫住實驗對象，請他（她）回答簡單的問卷調查，在對方回答問題的同時，分兩種情況進行，一種是「輕觸對方手臂」，一種是「不碰觸對方任何地方」。然後，等到對方快回答完問卷之際，再故意把一些問卷散落在地，測試他（她）的反應。

事實上，前述狀況也是實驗計畫的一部分，目的在於調查有多少人會幫忙撿拾問卷，連同自己作答的問卷一併送還給實驗者。結果，被輕觸手臂的人，更肯幫忙撿起散落一地的問卷。

──見光死──黑暗效應

我從學生那裏，聽到過這樣一段談話──

「我一直對同班的某位女同學有好感，也製造了種種交談的機會，卻始終無法進入狀況、相談甚歡。可是偶爾下課後一道回家，即使只是並肩走在黑暗的街道裏──平素部分的生硬感都彷彿不見了，反倒有些親密感。」

的確，人在黑暗的場所，容易對人產生親密感，此點也經由實驗得到證實。心理學者把男女各三、四人關在三乘三．六尺的小房間一小時，觀察他們的行動。結果，受試者在光線明亮的房間與黑暗房間兩種情境之下的行動，有顯著的差異──

在光線充足房間的男女，各自找地方互相分離而坐；不移動座位，且談話也儘量不去妨礙別人。

相對地，黑暗房間裏的男女，起初是相互分離而坐，同性之間互相交談。然而，隨著時間過去，談話變少之後，就開始移動座位與異性並坐。就在這段期間，有人開始碰觸異性的身體，有的還相互擁抱。

看來即使是不相識的人，同處於幽暗之中，也會因心理鬆弛，而一下子增加彼此的親密感。因爲在黑暗中對方看不見自己的表情，較容易感覺安心，交情也容易變深。

任何人對於自己的開放行爲，都會因對象和情況改變而心生猶豫。特別是有警戒必要的人，掩飾缺點，呈現自己最好的一面，乃是稀鬆平常的事。

可是，身處黑暗之中，由於彼此之間不再那麼一清二楚，此種掩飾也變得簡單得多。若想與生意往來客戶稱兄道弟，不妨多選擇酒吧、俱樂部之類燈光幽暗的場所交際，幾次下來，必能解除他對你的武裝，心懷親切感，而能暢所欲言。

——藉恐懼心理獲得異性好感

人常常把生理興奮與性的興奮混爲一談，在美國就曾經進行過以下兩件有意思的實驗——

【實驗一】受測者走過七〇公尺高、搖晃不已的吊橋後，（安排他）遇見某女性。然後，調查受測者對這位女性的印象。

結果受測男性大多認爲某女性非常有魅力，並且「性」感十足。

其實，受測者口乾舌燥、心跳不已的模樣，只是出於走在吊橋上，因爲「恐懼」而引起的單純生理變化所致。可是受測者卻認爲那是「性的興奮」。受測者以爲自己口乾舌燥，心中小鹿亂跳，是因爲遇見某位性感尤物所引起的。

【實驗二】讓男性受測者猛踩固定式腳踏車之後，觀賞色情電影，調查他對「性興奮度」的認識程度。

調查結果發現，受測者普遍認爲運動五分鐘後的「性興奮度」最強。所謂五分鐘後，表面上看來，因運動所引起的「生理興奮」好像已經平息，而實際上，心跳速度仍舊處於激烈狀態。因此「性興奮」可以說是受運動的影響，只是自己未察覺到而已。爲什麼會有「五分鐘後」的性興奮度最強的說法呢？那是由於運動過後，人們雖然仍意識到運動引起的興奮，卻因「五分鐘後」，忘記運動一事，以至於認為自己興奮是看了色情電影的緣故。

從以上的實驗個案看來，實際因恐懼或運動而引起的怦怦心跳，很容易就會讓人以為那是一種性興奮。

反過來說，巧妙運用這種心理現象，不就能使你的意中人認為你（妳）是個有魅力的人嗎？約會時，不妨選擇刺激有趣的場所，例如一道乘坐雲霄飛車、參觀鬼屋，挑起他（她）的恐懼心理；或是邀意中人一塊登山、打網球也可以。當你（妳）看來精神飽滿、熱情洋溢時，也就是異性感覺你（妳）最富有魅力的時候。

——推銷祕訣——買或是不買？

前幾天，我看到冰淇淋店、速食店門外顧客大排長龍的情景，彷彿就像是百貨公司打折拍賣的時候，人潮洶湧的賣場一樣。人們看到一大群人聚集在某商品前，往往就會有加入行列的心理，認為——「大家都要的必然是好東西，不買太可惜了。」

人們都有「希望自己的行動與相同立場者相似」的傾向。「相同立場者」在心理學上稱之為「相關族群」，指的是自己所屬的族群（團體）。一般說來，人們大多希望自己的行為與所屬「相關族群」相同。

基於此，聰明的推銷員都會巧妙應用這種心理。例如，大多數人都有「自己是中產階級」的意識，而擁有名錶、名牌包包或汽車等物品，是作為中產階者必備的。於是推銷員一面灌輸顧客這種心理，一邊藉此表示「某個家庭也都使用這種牌子」。此招一出，據說都能發揮其促銷的效果。

上述心理叫做「同理現象」。這種與別人行動不一致就會產生不安的心理，運用在人際關係上，亦可上成為一項強有力的武器。比如用——「哎喲！我還以為這是領先同業的公司咧！怎麼沒有引進××呢？」之類言語刺激對方，對方想必會開始認眞檢討是否該與你進行交易。

同樣的心理戰術，也可以運用在同行競爭上。「××公司也採用我們公司製造的產品」、「您這樣的身分地位一定用得到××」，諸如此類的措辭都有助於交易達成。

商業社會裏，攻擊對方的心理弱點，無疑是種極有利的手段。掌握「同理現象」，正是致勝要訣之一。

——說「我們」比說「我」更容易說服人

「遇到紅燈，大夥兒一塊穿越就沒什麼可怕」，這是以前流行的一句俏皮話。當然，這絕對沒有鼓勵大家闖紅燈的意思，可是這句俏皮話的確突顯出了某一層面的事實——個人對闖紅燈的「危險意識」，會隨著眾人（團體）的共同行動，而變得淡薄，甚至不可思議地產生了安全感。

類似這類行爲還有惡名昭彰的「買春旅行」。平素認眞、老實的紳士，參加「旅行」的時候，將欲望暴露得一覽無遺的行徑，儼然是集體闖紅燈的翻版。

這些行爲的共通點，可說是所謂的「集體意識」。原本支配每個人行爲的「個人意識」，在大夥一起闖紅燈、大夥一起參加買春旅行的瞬間，已經轉換成「我們的」意識。這現象心理學上稱爲「分散效應」或「稀釋效應」，一種「一件東西大家一起扛，負擔減輕」的心理作用。

「分散效應」也適用在其他場合。例如，以「我們頭腦都不好」取代「我的頭腦不好」的想法，認爲「人都差不多」，相信可以免於失去信心。另外，有些內向的女性生了孩子之後，個性變得前所未有的開朗，擺脫過往的自卑感。她們之所以會這樣，乃是因爲「我」的意識，經由生產，不知不覺之間變成「我們」的意識。

另外，欲說服他人，與其說——「我是這麼想的」，不如改說——「我們都這樣想的」，更能達成目的。因爲，一來可以強調「這是我們大家的想法」，二來則是可以增加自己的信心。

——由海德的均衡理論看人際關係的奧祕

人們無時無刻不在尋求穩定的人際關係。美國心理學家海德表九的三角圖形說明這種心理，這就是有名的「均衡理論」。

表中的P代表自己，O代表他人，X代表思想或人物，而依據這三者間的關係推測人們的行動。筆者認爲知道均衡理論，有利於交涉時說服他人，所以引用這一理論，以供讀參考。

假設你P說的話不得對方O的信賴，若你提起對方所信賴或尊敬的第三者，聲稱「××也是這麼說的」，則對方O將陷入不安定的心理狀態，情形如同下面的圖一。

此時，對方O就會想：「連××都這麼說的話，那就不會錯了」，進而接受你P的意見。於是你和對方的關係，就從不安定的負（－）心理狀態，轉爲正（＋）的心理狀態，變得和諧、融洽。

交涉對象越信任第三者，你的勝算也越大。爲此，與人交涉時，有必要事先知悉對方信賴的第三者。而且，交涉前一定要調查清楚交涉對象的性格，相信什麼樣的思想、思考方式。有了這樣的預先準備，海德的均衡理論才

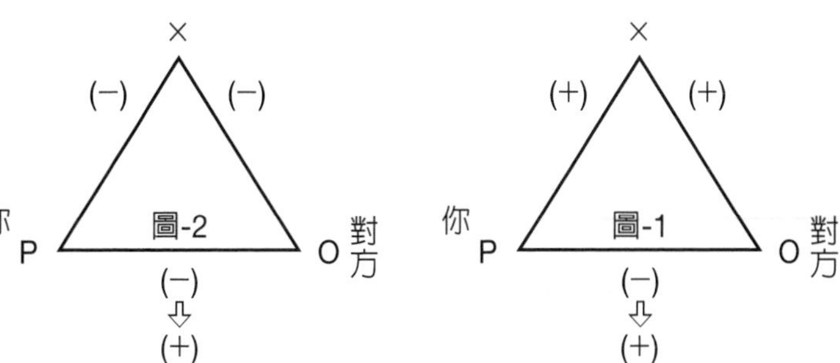

能對你的人際關係有所裨益。

另外，由海德的均衡理論也可得知，徹底指責交涉對象O所厭惡的人物或思想X，也能達到同樣的正（＋）心理狀態，單是此舉，就足以使你有好感，此一關係如同表格中的圖二所示。

心理學趣味派⓭

你會編出什麼樣的故事？願望、恐懼、內心的糾葛，在此一目了然！

「投影法」是性格判斷測驗法的一種。測驗方式是先讓受測者觀看一些模糊、曖昧，怎麼說都行得通的文章、圖形或繪畫。然後由受測者所編的故事，或是回答看到些什麼的反應中，投射、分析出，該受測人內心深處的個性特點、受壓抑的願望。投影法中又包括了「TAT」、「羅夏墨漬測驗」等等的方式。

「主題統覺測驗」，簡稱「TAT」，測驗方式是先讓受測者看一張主題模糊的圖畫，再根據所見，試著以現在、過去、未來三種時間為背景，看圖說故事。測驗者可以經由受測人憑空捏造的故事，研判他的性格。

美國心理學墨瑞和摩根最早設計出此種測驗所需的「標準圖」（見圖Ⓐ）。由於圖片內容多屬捏造之情景，或幻想的風景，一旦要求受測人看圖說故事，受測人必然會有意無意地把內心深處之

Ⓑ

Ⓒ

Ⓐ

情感與願望、恐懼與糾葛，反映到他所說的故事。TAT的兒童版稱為CAT（Children's Appreception Test：兒童統覺測驗），由貝拉克夫婦以和TAT相同的構想，制定而成，但出場人物全部是動物。

和TAT類似的測驗中，有一種稱之為「布拉基的冒險」。它的檢查方式十分有趣，是布朗根據佛洛伊德正統派的精神分析理論構思而成。

〈布拉基的冒險〉

羅氏圖畫逆境反應測驗（Picture Frustration Study見右下圖）的設計人是羅森維（S・Rosenzweig），測驗方法是讓受測人寫出圖中，所求無法滿足的女性之可能反應，再根據受測人的答案，來研判他的個性。

〈羅氏圖畫逆境反應測驗〉

〈兒童統覺測驗〉

心理學趣味派⑭

什麼是「我是誰」測驗？百分之百了解自己？

「我是誰」測驗（「Who I am」Test），也是投影法的一種，由美國心理學家克寧和麥伯蘭共同制定，亦稱為「20句答法」。原因是它的測驗方式要求受測者自問：「我如何如何」，同時盡快將心中所想到的前20個案答寫下來。經由此一途徑，反映出受測人的內心所思和自我角色定位。

那麼，你也做做看吧！答案須以「我」字開頭，長短不拘，像「我是男的」、「我今年24歲」的句子皆可。20個答案，時間限定5分鐘。

如何？看似容易，做起來卻很難吧？前5、6個句子，寫來順利得很。寫著寫著，到第14、15個句子時，恐怕已想不出什麼可以寫的了。剛開始的答案大多是像性別、年齡、所屬之類，外人看來也一清二楚的答案，接下來的答案，則漸漸和內心主觀有關，例如：「我胸襟狹小」、「我情緒經常不穩」等。但是到了第14、15個答案，由於潛意識的欲和被壓抑的苦惱，紛紛湧現，思慮受到混淆，聯想力也就相形減弱，才會舉不出例子。

以某公司人員的個案為例，大多數的答案不外乎：「我是○○公司職員」、「我是某公司的課長」、「我管11個人」、「我進公司25年了」，「自我」印象完全建立在與「公司」有關的基礎上。不過，也有少數人例外，跟「公司」間沒有任何牽扯。

〈全書 終〉

國家圖書館出版品預行編目資料

一分鐘心理專家／林郁 主編 -- 初版 --
新北市：新潮社，2020.12
冊；　公分
ISBN 978-986-316-781-5（平裝）
1.心理學 2.通俗作品

170　　109016314

一分鐘心理專家

主　編　林郁
企　劃　天蠍座文創製作
出　版　新潮社文化事業有限公司
電話 02-8666-5711
傳真 02-8666-5833
E-mail：service@xcsbook.com.tw

印前作業　東豪印刷事業有限公司
印刷作業　福霖印刷有限公司

總經銷　創智文化有限公司
新北市土城區忠承路 89 號 6F（永寧科技園區）
電話 02-2268-3489
傳真 02-2269-6560

初　版　2020 年 12 月